I0804728

Lo que las personas dicen acerca de Carlos A. Rodríguez y *Suelta las piedras*...

"Carlos Rodríguez escribe con gracia y acerca de la gracia. Su libro es una invitación sorprendente a mirar el rostro de Jesús y ver que el único que tenía derecho a tirar una piedra no tenía ningún deseo. Vemos en Jesús que cuanto más cerca estamos de Dios, menos debemos querer arrojar piedras a otras personas. Esto no es más que un llamado a reimaginar el cristianismo como una fe que fascina al mundo con amor."

—*Shane Claiborne*
Autor y activista

"Demasiados autores cristianos hoy escriben libros llenos de prosa sin vida, consejos de autoayuda almibarados y respuestas patéticas a preguntas profundas. Afortunadamente, Suelta las piedras no es uno de esos libros. En estas páginas, encontrarás principios prácticos unidos a la pasión de un autor que vive lo que cree. Encontrarás historias de esperanza y transformación que despertarán sueños que no sabías que tenías. Y si te paras a escuchar, escucharás al Espíritu hablando. ¡No podría estar más agradecido por este libro!"

—*Jonathan Merritt*
Colaborador, *The Atlantic*
Autor, *Learning to Speak God from Scratch*

"Tengo un nuevo libro favorito y un nuevo escritor favorito. Este libro rebosa sabiduría, honestidad, alegría, perspicacia y Jesús. Te llenará el corazón, justo después de patearte el trasero. Después de leerlo, espero que compres una docena de copias para entregárselos a todos tus amigos, porque todos necesitamos Suelta las piedras."

—Brian D. McLaren
Autor, *The Great Spiritual Migration*

"Cuando un coro de juicio sube a muchos rincones de la iglesia, Carlos Rodríguez canta una canción diferente. No está diciendo que está tocando todas las notas correctamente, pero su oído ha sido cautivado por otra melodía en total, el dulce estribillo de la compasión divina. ¿Armonizarás con la gracia y la verdad? Suelta las piedras nos da el calentamiento vocal ungido para hacer justamente eso. Toma esto y comienza a practicar hoy, mejor aún, haz que todos tus amigos lo lean y ¡conviértete en un nuevo tipo de coro!".

—Mike Morrell
Escritor y facilitador, mikemorrell.org
Coautor con el Padre Richard Rohr de
La Danza Divina: la trinidad y tu transformación

"Carlos Rodríguez escribe con honestidad y urgencia cuando llama a la iglesia a cumplir con su gran vocación de encarnar el amor de Jesús. Basándose en su propia experiencia pastoral, y tocando temas contemporáneos desde el ISIS hasta el encarcelamiento masivo, Suelta las piedras invita a los seguidores de Jesús a dejar atrás los clichés de la guerra cultural y hacer las cosas difíciles del amor de Jesús."

—Brian Zahnd
Pastor, Word of Life Church, St. Joseph, MO
Autor, *Sinners in the Hands of a Loving God* y *A Farewell to Mars*

"Carlos Rodríguez ha escrito una obra maestra oportuna sobre el amor ilimitado y persistente de Dios hacia los ofensores indignos y aquellos que los juzgan. Suelta las piedras es un llamamiento audaz y profético para renunciar al juicio y decir 'sí' a la invitación irresistible de Jesús para abrazar a los pecadores, comenzando por nosotros mismos. La honestidad y vulnerabilidad de Carlos desarman al lector, inspirando confesión, conversión y uniéndose al movimiento de Jesús de amor transformador del mundo. Lee esto y únete a Jesús para amar a este mundo roto en el reino de Dios".

—Bob Ekblad
Director, Tierra Nueva y *The People's Seminary*
Autor, *Reading the Bible with the Damned, A New Christian Manifesto,*
y *The Beautiful Gate: Enter Jesus' Global Liberation Movement*

"En Suelta las piedras, Carlos Rodríguez, con un lenguaje sincero y culturalmente relevante, se enfrentó al ateo práctico en cada cristiano profesante. El fariseo latente en mí fue expuesto más de una vez cuando leí las historias poderosas y conmovedoras contenidas en estas páginas. Gracias, Carlos, por 'recordarnos' con la mente de un Cristo amoroso y no enjuiciador."

—Dr. Randall Worley
Autor de *Brush Strokes of Grace* y *Wandering and Wondering*

"Suelta las piedras es un viaje de dolor paralizante, pérdida y búsqueda de la redención. Cada capítulo narra el camino sagrado y humillante hacia la integridad y la integración profunda. Este libro es un testimonio santo de la revelación sin fin de la misericordia de Dios, siempre recordándonos que el amor de Cristo es más grande que nuestro pecado. Oro para que este trabajo deshaga los años de autojustificación y falsa humildad que la religión ha enseñado, al mismo tiempo que nos conduce a todos a un nuevo reconocimiento de la abundante gracia disponible en Cristo Jesús."

—William Matthews III
Artista y Abogado

"Habiendo estudiado a Jesús y las Escrituras durante casi treinta años, he llegado a la conclusión de que cuanto más conservadora es nuestra creencia en las Escrituras, cuanto más profundamente creemos que cada palabra es verdadera, más liberales seremos de la manera que amamos. Mientras más fielmente caminemos por el angosto sendero de Jesús, más amplio será nuestro abrazo a nuestros compañeros pecadores. No es a pesar de nuestra fe en Jesús que amamos, escuchamos y aprendemos de quienes no comparten nuestra fe, sino precisamente por eso. En un momento en que el cristianismo a menudo se confunde con la separación, el juicio, el desprecio y la exclusividad, libros como Suelta las piedras son una corrección necesaria, por no mencionar una bienvenida brisa de aire fresco. Que podamos escuchar atentamente las palabras de Carlos. Más importante aún, podemos ordenar nuestras vidas a su alrededor."

—Scott Sauls
Pastor principal, Iglesia Presbiteriana de Cristo, Nashville, TN
Autor, *Jesus Outside the Lines, Befriend,* y *From Weakness to Strength*

"Carlos Rodríguez comparte poderosas historias de transformación que todos necesitamos escuchar. Él provee inspiración para lo que es verdaderamente posible cuando respondemos al Espíritu Santo. Encontrarás gran aliento a través de estas páginas."

—Margaret Feinberg
Autora, *Fight Back with Joy*

"En una época en la que la iglesia es más conocida por lo que está en contra de lo que representa, Suelta las piedras nos hace un llamado muy necesario para que caminemos en el amor de Cristo hacia todas las personas. He tenido el privilegio de trabajar con Carlos durante varios años. He recorrido algunas de las experiencias con las que él comparte con tanta honestidad, y he visto cómo el amor de Dios los transforma a él y a su familia. Me encanta su honestidad, su transparencia y su capacidad para provocar el pensamiento religioso, pero sobre todo, me encanta su llamado a activarnos a todos para ser más como Jesús. Te animo a leer este libro. ¡Probablemente encontrarás algunas piedras en tus manos que debes soltar, como yo lo hice!

—Ash Smith
Pastor principal, Catch the Fire Raleigh-Durham

"Suelta las piedras es una mirada desgarradora, personal, divertida y aterradora del juicio hacia los demás que cada uno de nosotros alberga en nuestra propia alma. ¡Insisto en que todos mis amigos lean esto!

—Carl Medearis
Autor, *Muslims, Christians and Jesus*

"¡Suelta las piedras está bellamente escrito y es fácil de leer! Carlos tiene una manera no dualista de inspirarse en la sabiduría de un espectro tan amplio del cuerpo de Cristo. Es prueba de que él mismo dejó caer las piedras hace mucho tiempo."

—Jason Upton
Cantante / compositor cristiano

"Hay un montón de cristianismo falso por ahí, pero Suelta las piedras es tan real como parece. Carlos Rodríguez ayuda brillantemente a sus lectores a descubrir verdades profundas sobre el evangelio al pasearlos a través de los tres grupos de actores en la historia de la mujer adúltera de Juan 8: los relucientes lanzadores de piedras, la mujer pecaminosa y luchadora, y finalmente Dios. Abrasadoramente honesto, a su paso, provocativo, poderoso, y sobre todo perspicaz, este libro habla con pasión profética sobre el Dios que pretendemos adorar, pero a menudo no logramos entender. Carlos lo comprende, porque primero lo entendieron a él. Él nos llama al mismo camino de arrepentimiento, recuperación y renovación dinámica. Esta es una convocatoria emocionante de una importante voz cristiana."

—Douglas A. Campbell
Profesor de Nuevo Testamento, The Divinity School, Duke University

"Los días difíciles requieren conversaciones honestas y sinceras de voces valientes. Este libro está lleno de sabiduría y valentía, capaz de guiarnos a través de las aguas turbulentas."

—Brady Boyd
New Life Church, Colorado Springs
Autor, *Addicted to Busy*

"Valoro profundamente el mensaje y el calendario de Suelta las piedras. En este libro, Carlos Rodríguez nos devuelve al simple evangelio al recordarnos que si queremos ver a Dios con claridad, debemos observar a Jesús de cerca."

—Seth Dahl
Director del Ministerio de Niños
Bethel Church, Redding, CA

SUELTA LAS PIEDRAS

CARLOS A. RODRÍGUEZ

WHITAKER HOUSE
Español

Editado por: Ofelia Pérez

Suelta las piedras
ISBN: 978-1-64123-108-4
eBook ISBN: 978-1-64123-109-1
Impreso en los Estados Unidos de América

Happysonship.com

Whitaker House
1030 Hunt Valley Circle
New Kensington, PA 15068
www.whitakerhouseespanol.com

Por favor, envíe sugerencias sobre este libro a: comentarios@whitakerhouse.com.

1 2 3 4 5 6 7 8 9 10 11 **w** 24 23 22 21 20 19 18

A Catherine,

Tú eres la hermosa encarnación del mensaje que intento comunicar (y aún intento aprender).

Gracias por amarme a pesar de mí mismo. Te amo.

CONTENIDO

PRÓLOGO

Las iglesias en las que crecí eran más coloridas que las historias bíblicas contadas a través de *Flannelgraph*, y las personas tan coloridas como cualquier personaje en el Antiguo Testamento. Lo más sobresaliente de nuestro año en la iglesia fue la reunión del campamento estatal de verano, cuando todas las iglesias de nuestra región se reunían para cantar y gritar, orar y sudar en el calor de julio en Carolina del Norte. Los evangelistas visitantes, como luchadores profesionales, todos me parecieron tener su respectiva "maniobra de finalización" propia. Mi favorito era el que, cuando decía la invitación al altar, en realidad ponía su Biblia en las personas, en lugar de en sus manos, causando que ellos "se cayeran" bajo el poder del Espíritu Santo. Algunas veces, en realidad arrojaba la Biblia a las personas, diciendo: "¡Recibe la gloria!" ¡Y bam! Estaban en el piso.

La noche que llevé a mi pequeña novia bautista a una reunión de campamento, el evangelista llamó a otro predicador sentado en la primera fila. Luego hizo sobre él lo que yo llamé la "inmersión de siete veces": después de tocarlo con su Biblia y la inevitable caída al suelo, hizo que los ujieres lo levantaran tambaleándose en sus pies, y luego se cayó ¡siete veces más! Cada vez que el evangelista tocaba a ese predicador, él salía "en el Espíritu" una y otra vez. Como se imaginarán, fue un viaje interesante a casa con mi novia, en mi viejo Mustang gris.

En realidad, no cuestioné la validez de esas experiencias, pero en general me sentía como un extraño para ellas, igual que la electricidad que todos los demás sentían cuando la Biblia los tocaba no estaba disponible para mí. Esperé en muchas filas de oración en ese altar, el piso parecía un campo de batalla de la Guerra Civil con los cuerpos esparcidos por todos lados, pero yo era el único tipo que todavía estaba de pie. En ese momento, asumí que simplemente era menos espiritual que todos los demás.

Luego pestañeas y de repente es veinte años después, y estoy leyendo el ardiente libro de Carlos Rodríguez que tienes en tus manos, y he aquí, finalmente obtuve mi bendición. Este libro me golpeó en la espalda bajo su poder. Estoy escribiendo esto sentado bajo un gran cielo de junio en Oklahoma, pero mi alma todavía está en la alfombra por haberlo terminado. Tengan misericordia.

Carlos acaba de recibir el evangelio. Él lo entiende de una manera reveladora e intuitiva; él lo recibe como un fuego-encerrado-en-mis-huesos estilo Jeremías, de una manera Dios- en- la- tierra- debajo- de- tus- uñas. La escritura es lírica, potente, humana y vulnerable... como el mejor tipo de hip-hop, a partes iguales arrogante y con alma. Si Kendrick Lamar fuera al seminario y escribiera un álbum lleno de barras sobre el evangelio, estoy bastante seguro de que así sonaría.

Estaba sentado en mi sofá llorando y regocijándome ante solo unas pocas páginas. Me encontré en la historia de Juan 8 que Carlos nos narra, dentro de la historia y en todos los lados de la historia. Experimenté éxtasis, arrobamiento y dicha ante el puro poder del evangelio que crepita a través de estas páginas. Me tiró al piso; me hizo retroceder; y me envió a estrellarme de nuevo.

De todos los líderes cristianos que conozco, Carlos es el que más me inspira. Él tiene un estilo totalmente lleno de sabiduría, ingenio y fuego. Tienes que sentarte suficientemente cerca del predicador para que te escupa en este reavivamiento de carpa. No temas. No hay nada más que misericordia de un rojo llameante en su interior. Deja predicar al hombre.

Tiene un grande y atrevido mensaje de amor, y está predicando gracia tan caliente como si fuera fuego y azufre.

Suelta las piedras es pura gracia, sin encuadernar, salvaje, feroz y libre, como lo serás si permites que estas palabras se salgan con la suya, hasta el final.

A todas las páginas siguientes, devuelvo mi respuesta desde la primera fila:

¡Gloria, y aleluya, y gracias, Jesús! Predica, predicador; el mundo entero necesita escucharte. Las buenas noticias nunca han sonado mejor de lo que suenan a través de tu voz.

—Jonathan Martin
Autor, *How to Survive a Shipwreck* y *Help Is on the Way*
Pastor de Enseñanza, Sanctuary Church, Tulsa, OK

INTRODUCCIÓN

Todo esto se trata de la mujer que fue atrapada en el acto de adulterio (nosotros), los hombres religiosos que querían matarla (a nosotros) y el Cristo que la salvó (a nosotros).

La historia que nos impulsa se encuentra en Juan 8: 2-11. Estos versículos casi no entran en la narración del evangelio. Algunas versiones de la Biblia ni siquiera tienen este momento sagrado. Pero estoy muy contento de que los padres de la Iglesia hayan reconocido la necesidad de que cada generación esté expuesta a esto, especialmente la nuestra.

En las siguientes páginas leerás anécdotas, parábolas e invitaciones, todas filtradas a través de esta declaración: *"El que de vosotros esté sin pecado sea el primero en arrojar la piedra"* (Juan 8:7). Escribí este libro no porque quisiera llenar tu cabeza con mi conclusión al respecto, sino más bien para darte la bienvenida a una conversación. Algunos de los temas serán controvertibles y otros parecerán innecesarios. Sin embargo (y te estoy diciendo este secreto porque estás leyendo la introducción y la mayoría de las personas no la leen), todo lo que quiero que hagas es pensarlo; considerar una perspectiva diferente; y discutirlo con tus padres o tu cónyuge o tus enemigos.

Si te molestas conmigo, sigue adelante. Si te encanta lo que digo, cuéntale a cada ser humano en Twitter. Y si te encuentras redescubriendo el amor de Dios por ti y por los demás, entonces todos somos ganadores.

Ya me gustas.

Sigamos hablando.

Y por la mañana volvió al templo, y todo el pueblo vino a él; y sentado él, les enseñaba. Entonces los escribas y los fariseos le trajeron una mujer sorprendida en adulterio; y poniéndola en medio, le dijeron: Maestro, esta mujer ha sido sorprendida en el acto mismo de adulterio. Y en la ley nos mandó Moisés apedrear a tales mujeres. Tú, pues, ¿qué dices? Mas esto decían tentándole, para poder acusarle. Pero Jesús, inclinado hacia el suelo, escribía en tierra con el dedo. Y como insistieran en preguntarle, se enderezó y les dijo: El que de vosotros esté sin pecado sea el primero en arrojar la piedra contra ella. E inclinándose de nuevo hacia el suelo, siguió escribiendo en tierra. Pero ellos, al oír esto, acusados por su conciencia, salían uno a uno, comenzando desde los más viejos hasta los postreros; y quedó solo Jesús, y la mujer que estaba en medio. Enderezándose Jesús, y no viendo a nadie sino a la mujer, le dijo: Mujer, ¿dónde están los que te acusaban? ¿Ninguno te condenó? Ella dijo: Ninguno, Señor. Entonces Jesús le dijo: Ni yo te condeno; vete, y no peques más

(Juan 8: 2-11).

ACTO 1

LOS HOMBRES

"Entonces, ¿hemos terminado con este bastardo? ", dijo el hombre barbudo después de escupir pesadamente en el suelo. Un ensordecedor "¡Sí!" fue la respuesta indivisa de los bribones sagrados reunidos en secreto en la oscuridad. Un objetivo común los había unido. Sí, generalmente eran rechazados por los demás: escribas, fariseos y maestros de la Ley. Pero el único tipo y sus doce morones habían inspirado la unidad dentro de sus filas. En solo unos meses, los matices de sus desacuerdos se disiparon por la rebelión ofensiva e ilegal iniciada por el hijo del carpintero. Sanaciones, alimentaciones e historias sobre "buenos" samaritanos fueron más que suficientes para demostrar que esta moda necesitaba detenerse. El nuevo niño necesitaba corrección, y todos eran muy buenos para corregir.

"¡Es de la maldita Nazaret!", dijo un joven aprendiz.

"No solo eso, él nunca entrenó con ninguno de nosotros", respondió su mentor. "Seguimos perdiendo dinero, personas, influencia...", agregó Caifás, el Gran Sacerdote. "¡Estoy tan harto del rabino borracho y su multitud de inadaptados!" Todos asintieron con la cabeza. "Bueno", dijo un hombre de pie a la izquierda, "¡al menos es bueno con trucos de magia!"

Todos rieron por un segundo, pero solo duró un segundo. No había espacio para la alegría en esta reunión (no había espacio para la alegría en ninguna de sus reuniones). Todos odiaban apasionadamente al autoproclamado Mesías; la forma en que bendecía a los niños, la forma en que hablaba de Dios, la forma en que se movía entre las masas. No podían soportar lo cerca que estaba de esos asquerosos intrusos y lo poco que permitía que el Sanedrín lo guiara.

Y estuvieron de acuerdo con fervor religioso de que era la voluntad de Dios eliminarlo.

Es gracioso cómo todas las cosas funcionan obran juntas para bien.

"¿Pero cómo?", preguntó el joven aprendiz. "Las personas parecen amarlo."

"¡Porque él es uno de ellos!", respondieron algunos eruditos al mismo tiempo, señalando a la ciudad.

Luego, en un raro momento de silencio, un hombre de baja estatura se acercó al frente de la muchedumbre. Su ritmo lento y la forma en que se frotaba la barbilla representaban pensamiento profundo. "Tengo un plan simple, mis hermanos", dijo sin apresurarse. "Es un plan piadoso y simple."

Él comenzó a hablar sobre una mujer que él sospechaba de un pecado grave y la oportunidad de atraparla en el acto de adulterio. Dio detalles sobre sus hazañas, y estaba tan seguro de sí mismo, que tenía que controlar la saliva excesiva que se filtraba por un lado de su boca.

"¿Qué tiene eso que ver con Yeshua?", preguntó Caifás. "¿Qué tiene eso que ver con Yeshua?".

"¡Ja!", dijo el hombre bajito radiante. "Todos ustedes saben esto tan bien como yo. De acuerdo con la Ley de Dios, cuando alguien es sorprendido en adulterio, debe ser apedreado. Moisés entendería esta oportunidad y la interpretaría como legítima."

Fue entonces cuando sus pobladas cejas se arquearon cuando intercambiaron miradas de sorpresa.

"Continúa", dijo Caifás, lentamente.

"Todos sabemos que es la mujer la que seduce de todos modos, ¿verdad? Y todos sabemos que el chico de Nazaret está seduciendo a Israel. ¿Qué pasa si los agarramos a los dos?", concluyó convincentemente el hombre robusto.

"¡Sí!", gritó la multitud enfebrecida. "¡Sí!", gritaron de nuevo.

1

LOS BENEFICIOS DE APEDREAR

"Puedes suponer con seguridad que has creado a Dios a tu propia imagen cuando resulta que Dios odia a todas las personas que odias tú."[1]
—*Anne Lamott*

Yo odio a los depredadores sexuales. Pero cuando estoy compartiendo sobre el amor de Dios hago mi mejor esfuerzo para fingir que los amo también. ¿Conoces ese verso? Odia el pecado, pero ama al pecador. Bueno, no es un verso de la Biblia en absoluto, pero mi cristianismo fue construido sobre él.

En 2008 fui invitado a hablar con los presos en la prisión de máxima seguridad de Arecibo, Puerto Rico, por lo que estuve expuesto a algunos de estos pervertidos. Y la prisión no es el lugar para estar cuando estás predicando algo en lo que no crees. Sin embargo, mi habilidad para generar hipocresía espiritual no tenía igual, y más de ochenta convictos fueron expuestos al repertorio completo. Estaban todos vestidos con monos de color naranja brillante mientras estaban sentados incómodamente en la sala de la cárcel más caliente. Estoy bastante seguro de que esto es lo más cerca que he estado del Hades.

Pero gracias a Dios que había reglas estrictas para proteger a los predicadores visitantes:

1. No tocar a los prisioneros.
2. No contar historias que instiguen una reacción.
3. No cruzar la línea imaginaria creada por los dos guardias en los lados opuestos de la primera fila, sosteniendo rifles masivos.

Esta fue mi segunda visita a esta cárcel y esta es la segunda vez que escribo sobre esta historia. Terminé mi primer libro *Simply Sonship* (Filiación simple) compartiendo lo que sucedió esa noche. Y aunque mi recuento aquí es desde una perspectiva similar, lo escribo porque es necesario para nuestra conversación.

Verás, ese día pensé que estaba cumpliendo con mi deber cristiano como pastor de iglesia local y como aspirante a evangelista. Pero la verdad es que estaba allí para poder impresionar a las personas diciéndoles que había estado allí. Los confinados no eran mi prioridad. Estaba interesado en su salvación solo por cómo me haría ver y sentir. Si podía hacer que por lo menos diez de ellos levantaran la mano mientras hacía la invitación para decir "sí" a Jesús, entonces sería validado y merecedor de mi salario y mi vocación.

Más importante aún, podría escribir un libro sobre cómo las personas deberían visitar al confinado y hacer que diga "sí" a Jesús.

Bienvenido a Suelta las piedras.

Lo sé, lo sé, estuve en esa prisión por razones egoístas en esa noche húmeda hasta el infierno, y sin embargo, El más desinteresado me encontró allí. Así es como es Él.

Estaba enseñando buena teología (según mi buena teología), y al presentar el caso de Cristo con humor y convicción, fui apasionado en mi entrega y seguro de un buen resultado (de acuerdo con mi madre y mi súper-saludable-estima propia).

Sin embargo, en medio de mi sermón, Dios me interrumpió.

Sabía que era Él porque era más sabio y más agradable que Yo. Era esa pequeña voz que casi puede ser fastidiosa. Y me dijo, tan claro como cualquier cosa que haya escuchado: "Diles a los hombres que han abusado sexualmente de sus hijas que yo los perdono".

Absolutamente no.

Por supuesto que no haría eso.

Tenía un sermón para predicar. Tenía reglas para obedecer. Tenía una reputación que proteger; sin embargo, sabía que Él lo dijo. No puedo decirte cómo sabía con certeza que era Dios; solo sabía que era Él. Tal vez, a pesar de las orgullosas motivaciones que me llevaron a esa prisión, Dios todavía me amaba, todavía creía en mí. O tal vez, solo tal vez, a pesar de que estaba siendo un asno, Dios tenía un mensaje para los hombres frente a mí y Él usaría un asno, una vez más, para pronunciar sus santas palabras.

Una segunda vez lo escuché decir: "Carlos, diles a los hombres que han abusado sexualmente de sus hijas que los perdono".

Créanme, amable lector, todo en mí estaba luchando contra esta locura. Mi boca siguió moviéndose a los ritmos de la predicación, pero mi cerebro estaba disparando argumentos hacia el cielo como un francotirador. ¿Conoces esa sensación? ¿Cuando estás hablando en voz alta con otros, pero teniendo una conversación completa en tu mente sobre otra cosa?

¡No hay manera de que yo diga eso, Dios! Pensé, una y otra vez. *¡Y aunque lo diga, si alguno de estos locos responde a él, morirán!* Y eso, allí mismo, era una protesta legítima, así que me aferré a ella.

Hay una pandilla en Puerto Rico llamada Los Ñetas, y cuando encuentran a un hombre que ha abusado sexualmente de un niño, lo cortan en pedazos y lo tiran por el inodoro.

Literalmente.

Eso me hizo pensar, *¡Satanás debe estar engañándome! No hay sabiduría en esta locura. ¡Te reprenderé en el nombre de Jesús!*

Pero entonces, Dios me habló nuevamente y supe que alguien tenía que detenerlo.

Lo que pensé luego fue el contraargumento final para negar la petición del Señor: *Padre, ¡yo no creo que Tú debas perdonar a las personas que han abusado sexualmente de sus hijas de todos modos!*

Para ser claro, todavía no lo hago. Pero yo no soy Dios.

Tampoco lo son ustedes.

Y esa es la buena noticia.

Han pasado nueve años desde ese día y todavía me siento incómodo con la memoria y volver a narrar este evento. Soy consciente de que muchas de las personas que están leyendo estas páginas fueron sexualmente abusadas. No hay palabras para describir el dolor y la agitación producidos por tal robo de inocencia. Ni siquiera puedo imaginar lo injusto que debe sentirse. Y una de las razones por las que estaba tan en contra de decir lo que Dios me estaba diciendo que dijera fue porque imaginé a mis sobrinas, y sentí tanta ira en el momento que quise golpear a estos hombres, no sanarlos.

Sin embargo, fue una misericordia imprudente lo que me detuvo; amor irracional que se hizo cargo; y en un gran momento de debilidad, estuve de acuerdo con la versión del evangelio de Dios.

El tiempo pareció detenerse cuando hice una pausa en las divagaciones de mi sermón y dije con decisión en el penetrante micrófono: "Si han abusado sexualmente de sus hijas, quiero que sepan... que Dios el Padre los perdona".

Sí, les dije a los hombres frente a mí que fueron exonerados del acto más vil. Así que la sala se quedó en silencio, el aire se hizo más denso y experimenté por completo las palabras de Richard Rohr: "Antes de que la verdad te libere, tiende a hacerte sentir miserable".[2]

Sin embargo, por alguna razón, después de escucharme decir la declaración en voz alta, comencé a creerlo. Lo creí con todo mi corazón. Creía tanto que las miradas de los guardias, el desconcierto en las caras de mi equipo y la incomodidad del calor y la humedad no me impidieron repetirlo con compasión de volcán: "Si has abusado sexualmente de tus hijas, quiero que sepas que Dios el Padre ... te perdona! "

En ese momento, un hombre sentado en la segunda fila a mi derecha se levantó como si estuviera a punto de colapsar, y gritó con todas sus fuerzas: "¡María! ¡María! ¡Perdóname! "

María era el nombre de su hija.

Y ese fue el momento en que conocí al Jesús de Juan 8.

Tenía buenas razones éticas y bíblicas para apedrear a ese hombre, tal vez no en la carne, pero al menos en mi corazón. Pero cuando vi el líquido arrepentimiento fluir por su rostro, recordé mi propio pecado, y me alegré de que el Dios que me salvó no fuera un monstruo como yo, ni como él.

La sala recibió un profundo aire de gracia según los hombres que estaban sentados junto al padre abusivo extendieron sus manos, apretaron sus hombros con fuerza y comenzaron a llorar.

Dios estaba escribiendo un mensaje en las paredes grises de esta instalación. Nunca tuve que decirlo en voz alta, pero todos lo escuchamos claramente: "Si hay perdón por ese pecado, entonces seguramente hay perdón para el mío".

Sé que recibieron ese mensaje porque, uno por uno, casi todos y cada uno de estos convictos llegaron a la convicción de espíritu. Algunos de ellos golpearon el suelo mientras caían de rodillas, mientras que otros estiraban los brazos tan en alto como era humanamente posible. Los guardias estaban tan atónitos que volví a mirar a los tipos que estaban conmigo y, con un movimiento de cabeza, susurré: "Entremos".

Cruzamos la línea invisible de protección y comenzamos a abrazar a nuestros hermanos. No sé quién estaba llorando más, pero en medio del caos, otro hombre se puso de pie en la última fila y comenzó a suplicar a Dios por el perdón. Estaba gritando sus pecados en voz alta porque no había máscaras que valiera la pena guardar. En ese tipo de momento, con ese tipo de presencia, todos experimentamos ese tipo de arrepentimiento.

Después de no decir una palabra durante unos minutos, comencé a pedir disculpas por todas las personas que habían abusado sexualmente de estos hombres. Me perdonaron a mí y a ellos. Entonces comencé a dirigirlos en oraciones para que ya hubieran estado orando: "Me arrepiento. Toma mi corazón. Tú eres mi Señor".

No tenía idea de lo que estaba haciendo (todavía no lo sé). Solo sabía que Jesús estaba presente, vivo y repetitivo. Era casi como si todos fuéramos transportados a un capítulo dentro de Mateo o Juan; como si la prisión se hubiera convertido en el pozo de Samaria, el estanque de Betesda, o la fiesta de bodas donde el agua ceremonial se convirtió en vino de celebración.

En serio, he asistido a muchos buenos servicios religiosos, he escuchado muchos sermones increíbles y he estado expuesto a muchos ministerios que alteran la vida, pero esa noche, el evangelio no era una enseñanza para ser discutida o una escena para recordar. Era una buena noticia para los pobres, estaba sanando a los quebrantados de corazón, y estaba liberando a los cautivos.

Y el prisionero más grande fui yo: fui un recluso de mi versión del evangelio, mi interpretación del evangelio y mis reglas para el compromiso del evangelio. Pero esa noche entendí que el evangelio era suyo. Jesús es Rey y Señor, y aunque me ama, no está sirviendo a mi reino ni se está inclinando ante mis caminos religiosos. Quería dibujar líneas de separación y quería encontrar leyes que privaran a los depravados. Pero la Biblia lo dijo hace mucho tiempo:

"[Jesús] *Él es el sacrificio por el perdón de nuestros pecados, y no solo por los nuestros, sino por los de todo el mundo*".[3]

El mundo entero incluye a todos los hombres en la Institución Correccional Guerrero; también nos incluye a ti y a mí. Escribí este libro porque cuando Jesús quitó las piedras de mis manos, descubrí la vida más liberadora disponible; era como si hubiera nacido de nuevo, de nuevo.

La diferencia es que esta vez nací consciente de las buenas nuevas para los demás, no solo para mí.

Si mi vida fue la historia de Juan 8, me estaba comportando como los líderes religiosos. Si mi vida fue la historia de Juan 8, nunca me vi como la mujer atrapada en el acto de adulterio. Si mi vida fue la historia de Juan 8, nunca actué como el Cristo que detuvo la ejecución.

En esa penitenciaría, descubrí la historia del evangelio que verdaderamente me hizo libre. Ahora espero que en la cautividad de estos próximos capítulos, experimentes lo mismo...y que escojas quién vas a ser en la historia de Juan 8.

Notas

1. Anne Lamott, *Bird by Bird: Some Instructions on Writing and Life* (New York: Pantheon, 1994), 22.
2. Richard Rohr, *Falling Upward: A Spirituality for the Two Halves of Life* (San Francisco: Jossey-Bass, 2011), 74.
3. 1 Juan 2:2 (NVI)

2

LAS DOS MULTITUDES

"Aquellos que siguen a Jesús deben atraer a las mismas personas que atrajo Jesús y frustrar a las mismas personas a quienes Jesús frustró".[1]
—Shane Claiborne

La comida era buena: específicamente, cuando Jesús comía con ellos... los recaudadores de impuestos y los pecadores. Eso fue lo que hizo que los fariseos y maestros de la Ley rechinaran sus dientes mientras se quejaban con furia.

Casi puedes sentir su disgusto cuando lees la descripción en Lucas 15: 1-2: "*Se acercaban a Jesús todos los publicanos y pecadores para oírle, y los fariseos y los escribas murmuraban, diciendo: Este a los pecadores recibe, y con ellos come*"".

¡Yuck!

Estoy fascinado con el contraste en estos dos versos. La multitud que se había reunido alrededor de Jesús está claramente definida y delineada. Por un lado, tienes a las peores personas, y por el otro lado tienes a las personas que *pensaban* que eran las mejores personas. Eran la parte menos entusiasmada de la multitud, aquellos que no estaban allí para estar cerca de Jesús, sino más bien para encontrar formas de destruirlo.

Ten en cuenta que la principal preocupación de los líderes religiosos no era que Jesús estaba predicando a los recaudadores de impuestos y pecadores; lo hacían ellos mismos y lo consideraban un privilegio de Yahweh.

Tampoco se quejaban de sus milagros o sus parábolas; ellos también podían ayudar a las personas en ciertos días y ellos también podían compartir historias para educar.

Lo que odiaban en este caso era lo de comer juntos, ¡el lenguaje supremo del amor!

Cuando visito a mi madre en Puerto Rico, redescubro esta realidad. No sé si es una cosa de gente morena o algo de clima cálido, pero la comida es la manera más piadosa de expresar afecto y dar la bienvenida.

Mucho de lo que Jesús hizo involucró comida. Su primer milagro fue convertir agua en vino y extender una fiesta de bodas a un estado legendario. La manera en que Él eligió revelar el misterio de la cruz fue ofreciendo su cuerpo y su sangre como la comida eterna. Se reunió con sus discípulos en torno a almuerzos y almuerzos, y multiplicó el pan y el pescado para alimentar a miles de personas en múltiples ocasiones. Jesús se invitó a cenar a las casas de las personas e incluso cocinó el desayuno para sus discípulos después de la resurrección.

Al leer todo esto, pensarías que Jesús era una persona morena... (Y aquí es donde insertaría un emoticón de guiño para expresar el lindo sarcasmo de la oración anterior.) #Milenial.

El Hijo del Hombre nació y se crió en una cultura que consideraba a los alimentos como una de las mejores formas de expresar el compañerismo y la aceptación. El Hijo de Dios continua y consistentemente invitó a las personas a su mesa. Sin embargo, no era solo la comida la que servía, sino la forma en que miraba a las personas a las que estaba sirviendo. Los líderes religiosos odiaban el hecho de que Jesús disfrutaba la compañía de *estas* personas. *¿Cómo Él podía pretender conocer a Dios y, sin embargo, sentirse tan cómodo con los ateos?*

¡Yuck!

Ahora, en el otro lado de la historia, tienes a los asquerosos, y el Dr. Lucas nos explica por qué estaban allí: "*Se acercaban a Jesús todos los publicanos y pecadores para oírle*". Esta declaración sagrada casi se convierte en una invitación para la iglesia de hoy. A medida que lo leemos, debemos preguntarnos: "¿Qué hacemos diferente de Jesús que hace que los recaudadores de impuestos y los pecadores de nuestro tiempo no quieran estar cerca de nosotros, y no querer escucharnos?". "¿Qué había acerca de Jesús que atraía hacia su presencia y su enseñanza a las personas más inmorales alrededor de él?".

Tal vez comenzó con el hecho de que Jesús no trazó líneas entre los términos "recaudador de impuestos" y "pecador". Verás, cada generación tiene una categoría de pecado que merece su propio título. En estos tiempos, alrededor del año 27 d.C., los recaudadores de impuestos eran considerados como las personas más viles, y no culpo a nadie de juzgarlos. Un recaudador de impuestos era más que un simple empleado del IRS romano; él también era un ladrón, un traidor, un soplón y un estafador. Recaudaban más impuestos de los que requería César (lo que los hacía más malvados a los ojos del pueblo judío que el dios pagano de Roma). Si elegías ser un recaudador de impuestos, se te garantizaba una vida de riqueza y poder, pero también te podían garantizar que tu propia familia te desheredaría. Estos chicos solitarios eran tan odiados por su propia gente que tenían su propia categoría de identificación pecaminosa. Era la certeza no expresada en todo Judea: "Sí, todos somos pecadores... pero no somos recaudadores de impuestos pecaminosos".

Más de dos mil años después, seguimos haciendo lo mismo. Varía según la nación y la generación, pero este patrón continúa. En algunas partes los "recaudadores de impuestos" han sido la comunidad LGBTQ, en otras áreas es la multitud abortista/pro-elección, en algunos círculos son los seguidores de Mahoma, y en otros son los fundamentalistas de la derecha religiosa.

Nos categorizamos unos a otros dentro de cajas que se sienten lo suficientemente sólidas como para convertirse en trampolines, porque queremos usarlas para impulsarnos más. La superioridad es lo que estamos buscando, y odio admitirlo, pero amo las líneas que nos separan. Claro, tuiteo contra ellos, pero me gusta la seguridad que brindan. Encontrar un pecado que es peor que todos mis pecados me hace sentir mejor acerca de mi "pecado menor". Encontrar personas que, según mis categorías, son diferentes (y menores) me hace sentir que puedo salir adelante.

Y esto, mi amigo, es naturaleza humana básica.

"Soy malo, pero no *tan* malo."

"Lucho, *pero* eventualmente venzo."

"He perdido la marca, *pero* no tanto."

El primer paso hacia la libertad es admitirnos a nosotros mismos que hay un líder religioso furioso dentro de nosotros. Él es crítico del trabajo de Jesús, crítico de las personas con las que Dios se junta, o crítico de las personas que todavía no conocen a Jesús. Él está allí en alguna parte y nos está privando de la oportunidad de convertirse en un verdadero discípulo. Mira, he conocido furiosos fariseos de la derecha religiosa, saduceos insoportables en la izquierda liberal, y una combinación de ambos dentro de mí.

El hecho de que la cultura en torno a Jesús proveyó una categoría particular para un grupo específico de pecadores demuestra que todos luchamos con la comparación y el orgullo.

Es por eso que, en el contexto de Lucas 15, rodeado de los que querían escucharlo a Él y los que odiaban verlo, Jesús habló tres de las parábolas más bellas que se hayan compartido.

Y son lectura obligada para el pecador y el líder religioso.

Notas

1. Shane Claiborne, publicación de Twitter, 18 de diciembre de 2015, 5:43 a.m., http:// twitter.com/ ShaneClaiborne.

3

TRES PARÁBOLAS

"Dios no es justo: si fuera justo, todos estaríamos en la sopa. Dios es bueno: locamente bueno".[1]
—*Robert Farrar Capon*

Tres de las parábolas en Lucas 15 prueban la parte más radical del manifiesto del Nuevo Testamento: *es Dios quien viene a nosotros.* Es el pastor que persigue a las ovejas. Es la mujer quien encuentra la moneda. Es el padre quien corre hacia el hijo (para abrazarlo y besarlo y celebrarle una fiesta).

Este es el contra-argumento heroico contra la religión misma: Dios nos ama, Dios nos encuentra y Dios se convierte en nosotros. Tertuliano dijo que la primera reacción a la verdad es el odio, y recuerdo ser cristiano y odiar las buenas nuevas de Cristo. Sé que suena a locura, pero he conocido a suficientes cristianos en los últimos quince años para demostrar que esto es cierto.

No solo es cierto, sino prevaleciente.

La mayor parte del cristianismo occidental ama el nombre de Jesús (porque puede salvarme a "mí"), pero odia las maneras de Jesús (porque también quiere salvarlos a "ellos").

Hay una misionera radical en Mozambique llamado Heidi Baker. Ella ha plantado miles de iglesias, ha alimentado a miles de huérfanos, y ha sostenido a miles de personas que solo conocían el rechazo. La dejaré que lo diga, porque su vida y su entrega prueban que las teorías son baratas, pero la acción es sagrada:

> [Jesús] amaba que las personas volvieran a la vida. Él iría a cualquier parte, hablaría con cualquiera. Y dondequiera que fuera, se detendría por uno, el olvidado, el rechazado, el marginado, el enfermo, incluso el muerto de piedra. Incluso un ladrón que estuviera muriendo por sus crímenes en la cruz al lado de él. En el Reino del amor de Dios no hay pecador que no pueda volver a casa.[2]

Este es precisamente el punto de las tres parábolas que Jesús compartió con las dos multitudes en Lucas 15. Prueban que hay un Salvador que está dispuesto a cargar ovejas, barrer la casa y devolver la herencia. ¡Y necesitamos esto para nosotros!

Este libro será anatema a menos que tú sepas (por ti mismo) que Dios te ama de esta manera. El genio de Jesús fue utilizar el contraste en la audiencia para transformar la percepción de Dios en todas las personas. Tanto los líderes religiosos como los pecadores que asistieron se habrían quedado estupefactos ante esta perspectiva fresca y radical, y parece que la iglesia aún se queda estupefacta. Todavía estamos luchando para creer que el Dios del universo, que es tan santo, grande y misterioso, también podría ser tan encantador, amable y disponible.

Queremos ser menos críticos, pero tenemos tantos versículos de la Biblia que nos preparan para juzgar. Queremos ser menos religiosos, pero parece haber muchas cosas acerca de las cuales ser religiosos. No queremos ser fariseos o saduceos, pero parece que eso es precisamente lo que el mundo espera de nosotros en este momento (y seguimos cayendo en la trampa).

Cristo vino a salvarnos de nuestro pecado, pero también vino a salvarnos de la idea de que podríamos ser salvadores (o jueces) de nosotros mismos o de cualquier otra persona.

Es por eso que nos detenemos y buscamos a Jesús nuevamente (y nuevamente, y nuevamente). Lo buscamos porque lo consideramos nuestro Salvador, nuestro Amado y nuestro Rey, y no hay otro camino a seguir para hacerlo como Él lo hizo. La solución es tan simple como sugiere el título: *Suelta las piedras*. Porque cuando lo hagamos, tendremos manos libres para recoger ovejas, encontrar monedas y abrazar a los pródigos.

Y debemos hacer esto, mientras comemos juntos.

Ahora permítanme terminar con un *inmenso* descargo de responsabilidad: si nunca lo hacemos, si nos aferramos a las piedras y rechazamos las buenas nuevas de Jesús para todos... Él todavía nos alimentará, nos hará un lugar en su mesa, y nos amará ... *perfectamente*.

Buen provecho.

Notas

1. Robert Farrar Capon, *The Mystery of Christ: ...and Why We Don't Get It* (Grand Rapids, MI: Wm. B. Eerdmans Publishing Co., 1993), 91.
2. Heidi Baker and Rolland Baker, *Reckless Devotion: 365 Days into the Heart of Radical Love* (Bloomington, MN: Chosen Books, 2014), 47.

4

LUZ DE TRÁFICO

"Cada vez que usamos la religión para trazar una línea que mantenga fuera a las personas, Jesús está con las personas del otro lado de esa línea".
—atribuido a Rev. Hugh L. Hollowell

Robert siempre estaba pasando el rato en el semáforo, y siempre olía a muerte. Solía tener un trabajo, una familia y tener acceso a una ducha, pero ahora no tenía nada, ni hogar, ni cuenta bancaria, ni dignidad. Una adicción al alcohol poseía a Robert y, como un amo de esclavos, lo llevó a esa luz de tráfico. Su plan diario era "ganarse la vida" mendigando en las calles de Camuy, Puerto Rico, para ver si suficientes personas en esta pequeña ciudad sentían la compasión que él nunca sintió cuando él era quien frenaba en los semáforos junto a las personas sin hogar pidiendo cambio en monedas.

Por la noche, con sus monedas de cinco y diez centavos, Robert compraría el líquido que lo ayudaría a olvidar. Cuarenta grados prueba era casi lo suficientemente fuerte como para borrar la realidad de su vida trágica en las calles.

Ese semáforo específico estaba a menos de dos minutos de nuestra iglesia. Era el viraje exacto que indicaba la proximidad a la casa de Dios, pero a esa casa Robert nunca llegó.

Casi todos los días nos encontrábamos, y casi todos los días yo oraba para que la luz permaneciera a mi favor (para que yo pudiera seguir conduciendo). Los días cuando Dios no respondía mi oración, le daba a Robert los noventa segundos de mi atención antes de que la luz roja se volviera verde.

Algunos días me enojaba un poco con Robert. Nunca le diría eso, por supuesto, pero esperaba que hiciera algo acerca de su condición. Me decía en voz baja: "Él debería saber más que eso, debería esforzarse más; depende de él lo que suceda después. Sí, Dios, ¡lo amas, pero él necesita amarse a sí mismo!

Entonces sonreía, bajaba mi ventana, arrojaba unas cuantas pesetas en su vaso plástico mientras decía "*Dios te bendiga*", y luego conducía hacia la iglesia para hacer *la voluntad de Dios*.

Después de meses de invitar a Robert a unirse a ellos para el servicio dominical, una pareja tuvo éxito. Un joven y su esposa llevaban a Robert a un restaurante para una comida semanal. Eventualmente, dieron un paso más personal: lo trajeron a su casa para arroz y frijoles. No se detuvieron allí. Pronto comenzaron a comprarle comestibles y lo llevaron a ver al médico.

Esta pareja deliberadamente no lo invitó a la iglesia; en cambio, se convirtieron en la iglesia para él.

A su debido tiempo, Robert se unió a ellos para su rutina dominical en la iglesia. Estaba cerca de su lugar en la calle de todos modos, y el aire acondicionado proporcionó un bienvenido descanso del calor y la vergüenza.

La primera vez que Robert entró a la iglesia lo noté de inmediato. Podía verlo desde lejos y, honestamente, era imposible no reconocerlo. Quería ser amable y demostrar que era un pastor genial y un cristiano amoroso, así que me dirigí a él. Antes de acercarme, el olor que irradiaba de él era más de lo que podía manejar. Le di un apretón de manos corto, pero tan pronto como terminamos, con media sonrisa en mi rostro (e hice todo lo posible por ser discreto), comencé una búsqueda desesperada de desinfectante de manos (porque quién sabía dónde habían estado esas manos)...

Robert siguió visitando nuestro edificio y comenzó a participar en la "experiencia completa de la iglesia". Saludaba a las personas, cerraba los ojos durante la adoración e incluso respondía a la invitación del predicador. Repitió la Oración del Pecador en múltiples ocasiones. Según nuestra teología, la salvación de su alma parecía garantizada, pero Robert todavía estaba perdido en las calles, sin ser salvo de sí mismo.

Después de meses de tener a Robert entre nosotros, comenzó a comportarse como un miembro apropiado de la iglesia, y en nuestra iglesia eso significó pasar al frente durante el tiempo del ministración y esperar a ser tocado por Dios. Allí estaba, maloliente, roto y expectante. Y fue en ese lugar donde Robert encontró el amor verdadero. Mira, había una chica británica que se sentaba a mi lado (y siempre huele increíble). Apenas podía entender las canciones o los sermones porque aún estaba aprendiendo español, por lo que me pedía que le tradujera, y aunque era mi deber como esposo facilitarle el ir a la iglesia conmigo, me cansaba rápidamente de repetir las palabras y le pedía que solo orara.

Y oraba de verdad.

Fue en uno de esos días, mientras hablaba con Jesús, que sintió la compulsión de ir donde Robert y darle un abrazo. Lenta, pero confiadamente, ella se acercó a él. Queriendo ser obediente a Dios, sin hacer que el hombre se sintiera incómodo, le preguntó a Robert en su roto Español: "¿Puedo darte un abrazo?".

El hombre sin hogar de seis con seis asintió con la cabeza, probablemente pensando que era otro de los abrazos corteses de tres segundos que estos cristianos le daban mientras contenían la respiración. Catherine sonrió, se alzó como una graciosa bailarina y envolvió sus brazos alrededor del sucio cuello de Robert. Mi esposa entonces se aferró a él por más de veinte minutos.

Ella lo apretó como si me estuviera abrazando a mí, a su padre o a Jesús mismo. Los músculos de su pantorrilla trabajaron duro mientras ella determinaba permanecer en esa posición, caminando de puntillas para el abrazo. Era como si estuviera convencida de que este acto compensaría cada palabra cruel que Robert hubiera escuchado, como si un abrazo pudiera convencer a Robert de dejar de beber, pecar, mendigar, cojear. Ella se aferró a este hombre como si fuera su actividad favorita. Y mientras respiraba en su hedor, todo lo que podía oler era la fragancia del Redentor.

Mientras abrazaba su cuerpo herido, podía sentirse sanada. Y verla hacerlo con tanta gracia me condenó.

Catherine era Cristo, Robert era el adúltero, y yo era el líder religioso. *¿Cuándo aprenderé?*

Previamente había hecho todo lo posible para convencer a Robert de cambiar su estilo de vida. Hablé con él en múltiples ocasiones para mejorar su condición. Invertí tiempo en oración pidiéndole a Dios que lo guiara hacia el camino de la libertad real. Mi estrategia era utilizar principios piadosos, planes humanos y el lenguaje piadoso que conocía, pero él seguía pareciendo igual, me rogaba lo mismo y bebía lo mismo.

No fue hasta ese cálido abrazo que cambiaron las cosas. Nunca vimos a Robert de nuevo. No lo vimos en la calle o en la iglesia.

¿Por qué? Porque decidió volver con su familia. Luego ingresó a un programa de rehabilitación.

Robert pasó a otro tipo de luz, una más divina y amable. Nos envió un mensaje unos meses más tarde. Estaba limpio, feliz y conectado. "Fue el abrazo", siguió diciendo. "Fue el abrazo de Catherine".

En el cautiverio de los brazos de mi esposa, un borracho se intoxicó con la aceptación. Allí, se encontró con la fragancia de la libertad; allí, mi esposa disfrutó del aroma de la obediencia; y allí, tropecé con el hedor de mi orgullo.

La Madre Teresa dijo una vez: "Si no puedes hacer grandes cosas, solo haz pequeños actos de amor". Creo que ella sabía una o dos cosas sobre Jesús. Lo mismo mi esposa. Y un día, espero oler como los dos.

Como dice la Biblia: *"Somos grato olor de Cristo en los que se salvan, y en los que se pierden".*[1]

Sí, *"entre los que están pereciendo".*

Notas

1. 2 Corintios 2:15.

5

EL CONOCIMIENTO DEL BIEN Y DEL MAL

"Al juzgar a los demás, nos cegamos a nosotros mismos a nuestro propia maldad, y a la gracia a la que otros tienen el mismo derecho que nosotros."[1]

—Dietrich Bonhoeffer

Nuestra habilidad para discernir entre el bien y el mal en realidad no nos hace Dios; solo nos hace pensar que somos Él. La serpiente en el jardín engañó a Adán y Eva al hacerles creer que al comer el Árbol del Conocimiento ellos iban a ser como el Todopoderoso, que en realidad era su propia meta. La tragedia es que cuando mordieron la fruta, se miraron a sí mismos y discernieron que sus cuerpos eran malvados. Luego se miraron el uno al otro y se vieron como malvados. Y lo peor de todo fue que miraron a Dios, se asustaron y discernieron que el Padre de las Luces era malvado.

Decepción.

Ellos *recibieron* la capacidad de distinguir el bien del mal, pero como no estaban destinados a recibirlo, discernieron el bien del mal de manera incorrecta. La ley de Moisés es la respuesta de Dios a las peticiones de la humanidad para conocer el bien del mal. La cruz de Jesús es nuestra oportunidad de trascender el árbol en el jardín. Ahora estamos invitados a comer su cuerpo y beber su sangre y obtener algo que es muy superior al Edén, y esa mesa está abierta a todos.

Sin embargo, de alguna manera todavía estamos tratando de ser Dios nosotros mismos en lugar de festejar con él. Todavía estamos comiendo de ese primer árbol, fingiendo que somos expertos en bien y mal. Nos hemos dado doctorados sobre lo correcto y lo incorrecto mientras fallamos miserablemente en la vida y el amor. Somos como snobs del vino que fingen distinguir un Burdeos fino de un Cabernet barato, mientras se ahogan con el sabor del vinagre agrio mezclado con estiércol. Y al ingerir la fruta del árbol equivocado, nos estamos convirtiendo en lo que comemos.

Cuando escuchamos a una persona hablar de manera diferente, señalamos, juzgamos y decimos: "¡Mal!" Cuando trabajamos para un jefe que es mejor que el anterior, señalamos, juzgamos y decimos: "¡Bien!" Cuando vemos el estilo de vestimenta de una persona, señalamos, juzgamos y decimos: "¡Mal!" Cuando notamos a un predicador que suena como nosotros, señalamos, juzgamos y decimos: "¡Bien!"

Y el único con rango legal para juzgar a las naciones, nos dice:

No juzguéis, para que no seáis juzgados. Porque con el juicio con que juzgáis, seréis juzgados, y con la medida con que medís, os será medido. ¿Y por qué miras la paja que está en el ojo de tu hermano, y no echas de ver la viga que está en tu propio ojo? ¿O cómo dirás a tu hermano: Déjame sacar la paja de tu ojo, y he aquí la viga en el ojo tuyo? ¡Hipócrita! saca primero la viga de tu propio ojo, y entonces verás bien para sacar la paja del ojo de tu hermano.[2]

Se nos permite ayudar a arrancar la viga del ojo de nuestro hermano, pero solo cuando estamos completamente libres de nuestro tronco. Debemos preguntarnos sinceramente, *¿ya llegamos?* Usemos el divorcio y la homosexualidad como un ejemplo contrastante.

Además de las reglas claramente definidas en la Iglesia Católica, la mayor parte del cristianismo no se ha preocupado por el divorcio. Note que Jesús nunca habló directamente contra la homosexualidad, pero sí habló dos veces contra el divorcio.[3]

Ahora sé que si reduzco esta conversación a solo esa declaración anterior, sería inconcluso e irresponsable. Hay muchos versículos de la Biblia que discuten diferentes tipos de comportamientos sexuales, pecados y preferencias, y todos son válidos e importantes para discutir (y la iglesia ha hecho un gran trabajo al permitir que todos se enteren de ellos varias veces). Pero sí quiero hacer una pregunta simple: ¿Por qué la iglesia no es tan abierta contra el divorcio como lo es contra la homosexualidad? Si creemos que ambos son pecados, ¿por qué se trata un pecado como una *amenaza* y el otro se trata como *parte de la vida*? No podemos proclamar la pureza del matrimonio mientras aceptamos (y en algunos casos potenciamos) la ruptura del matrimonio. Tenemos pastores y líderes, apóstoles y predicadores famosos que están en su segundo o tercer cónyuge. Descargamos sus podcasts, honramos sus llamados, y rara vez hablamos de sus fallas. Y frente a esto, debemos recordar que Jesús desafió a los fariseos no porque siguieran la ley, sino porque torcieron la ley para solo beneficiarse a sí mismos.

Por favor, no asumas que soy anti-divorcio; estoy a favor de la esperanza. Fui el primogénito en el segundo matrimonio de mis dos padres. Tengo dos hermanas del primer matrimonio de mi padre, una hermana del primer matrimonio de mi madre y otras dos hermanas de su unión actual. Somos una familia. Fuimos criados para amarnos y aceptar la complejidad de nuestra tribu. Amo y respeto tanto a la primera esposa de mi padre como al primer marido de mi madre... y nunca llamaría a mis hermanas, medias hermanas.

Pero bíblicamente hablando, mis padres no siguieron la ley de Dios (y la invitación directa de Jesús). Sin embargo, nací por su fracaso. Puedo escribir este libro porque se les permitió separarse y comenzar de nuevo. Todavía no creo que el divorcio sea el mejor de los casos, pero Dios es un experto en convertir la basura en fertilizante.

Imagínate ahora cómo les parece a los incrédulos cuando juzgamos, criticamos y odiamos a quienes piensan sobre el matrimonio de forma diferente a como lo hacemos, al tiempo que demostramos que pensamos en el matrimonio de manera diferente a como lo hace Dios. Solo porque estamos usando versículos de la Biblia para juzgar a las personas no significa automáticamente que los estemos juzgando bíblicamente. Mientras usamos una parte de la Biblia para condenarlos, la Biblia nos mira sorprendida (tal vez levantando una ceja) y nos condena.

Y así sucesivamente, fracasamos en mantener lo principal, como lo principal.

Puedo imaginar que si la magnitud del pecado de todos se exhibiera en público, todos seríamos más amables. Además, Jesús ya lo dijo: "Si juzgamos, seremos juzgados".[4] Claro y simple. Y ni siquiera estoy viendo cuánto porno ven los pastores el domingo, después de predicar.[5] Cómo las mujeres en la iglesia son más propensas a sufrir abusos sexuales y físicos que las mujeres fuera de la iglesia.[6] Cómo se abusa de los niños a un ritmo más alto en las congregaciones cristianas que en las escuelas públicas.[7] Sí, lo irónico del legalismo es que no hace que las personas trabajen más; las hace darse por vencidos.

Ahora Dios todavía se opone a los soberbios y les da gracia a los humildes.[8] Y lo hace porque ama demasiado a los orgullosos para que se salgan con la suya pensando que son algo que no son. Si insistimos en comer del Árbol del Conocimiento del Bien y del Mal, permaneceremos engañados, pensando que realmente podemos discernir quién es bueno y quién es malvado. Esa responsabilidad pertenece solo a Dios. Nuestra responsabilidad es cuidar el jardín y negar la atractiva apelación de la serpiente, porque para todos (divorciados, lesbianas, masturbadores y mentirosos) Jesús es el árbol de la vida, y ha llegado la hora de que todos prueben y vean que Él es bueno.

Si nuestra especialidad es en la Verdad, pero nuestra concentración menor es en Amor, seguiremos sonando desafinados. Sí, hay espacio piadoso para el juicio, pero hablaremos de eso más adelante, una vez que hayamos muerto por completo a nuestro deseo de juzgar. Recuerda lo que Pablo dijo en Gálatas 6: 1-3:

> *"Hermanos, si alguno fuere sorprendido en alguna falta, vosotros que sois espirituales, restauradle con espíritu de mansedumbre, considerándote a ti mismo, no sea que tú también seas tentado. Sobrellevad los unos las cargas de los otros, y cumplid así la ley de Cristo. Porque el que se cree ser algo, no siendo nada, a sí mismo se engaña".*

Ay.

Y amén.

Notas

1. Dietrich Bonhoeffer, *The Cost of Discipleship* (London: SCM Press, 1986), 185.
2. Mateo 7: 1-5.
3. Ver Mateo 19: 3-12; Marcos 10: 2-12.

4. Ver Mateo 7: 2.
5. "Pastors and Porn: The Struggle is Real," CBN News, 29 de enero de 2016, http://www1.cbn.com/cbnnews/us/2016/January/Pastors-and-Porn-The-Struggle-is-Real. (Consultado el 6 de abril de 2017.).
6. Charlene Aaron, "Domestic Abuse in the Church a 'Silent Epidemic,'" CBN News, 5 de febrero de 2016, http://www1.cbn.com/cbnnews/us/2016/January /Combating-Domestic-Abuse-in-the-Church. (Consultado el 6 de abril de 2017)
7. Boz Tchividjian, "Startling Statistics: Child sexual abuse and what the church can begin doing about it," Religion News Service, January 9, 2014, http://religionnews.com/2014/01/09/startling-statistics/. (Consultado el 6 de abril de 2017)
8. Ver Santiago 4: 6.

6

ENEMIGOS DE DIOS

"No puedes confiar en Dios si estás demasiado ocupado jugando a ser Dios".
—Jonathan Martin

Les cuento un poco más sobre algunos de los principales adversarios del ministerio de Jesús: los fariseos, los saduceos y los maestros de la ley. Su odio hacia Jesús se debió principalmente al hecho de que Él no estaba presentando el reino que deseaban, y tampoco pedía la "justicia" que ya estaban viviendo.

Ahora, si tomamos conciencia de los impulsos específicos que Jesús estaba abordando en los líderes religiosos, entonces podemos abordar estos impulsos en nosotros mismos. La principal tentación, sin embargo, será leer esta breve explicación y pensar en todos los demás que actúan, se comportan, hablan, predican y ven a Facebook como un líder religioso. Pero eso sería precisamente lo que haría un fariseo / saduceo / maestro de la ley.

He escuchado que las personas usan la historia de Jesús volteando las tablas como una validación para sus maneras destructivas (religiosas). Incluso citan a Mateo 23 (que abordaremos pronto) como base bíblica para señalar con el dedo a aquellos a quienes condenan como "líderes religiosos". Pero mi pregunta para ellos (y para mí) es esta: *¿Estamos también dispuestos* *a morir en la cruz por las personas que corregimos? ¿Los estamos sanando? ¿Lavando sus pies? ¿Les estamos sirviendo como Jesús sirve a la iglesia?*

Si nuestra respuesta es "no" a cualquiera de las anteriores, entonces hemos perdido el derecho de voltear cualquier tabla. Entonces aquí están:

1. **Fariseos**: Su nombre significa "puesto aparte". Y su principal distintivo era una creencia en la Ley oral que Dios le dio a Moisés junto con el Torá, o la Ley escrita. Para el pueblo judío, el Torá es similar a la constitución de una nación en el sentido de que establece una serie de leyes que están abiertas a la clarificación e interpretación. Los fariseos creían que Dios también le dio a Moisés el conocimiento de lo que significaban estas leyes y cómo deberían aplicarse. Y aún más que eso, estos hombres "puestos aparte" creían que eran los únicos capaces de comprender y compartir la Ley. Imagínense su frustración cuando el hijo del carpintero interpretó la ley de manera diferente a como ellos lo hacían. Durante el tiempo de Jesús, la mayoría de las personas escuchaban a los fariseos. Eran la autoridad espiritual que la familia judía común respetaba. Esta es la razón por la cual la Palabra de Dios mismo comenzó muchas de sus famosas declaraciones con "has oído decir...". De esa manera, Él podía contrarrestar directamente las cosas que los fariseos estaban diciendo incorrectamente.
2. **Saduceos**: Estos hombres elitistas rechazaban la idea de la Ley oral e insistían en una interpretación exacta de la Ley escrita. Sorprendentemente, sin embargo, también estaban dispuestos a incorporar el helenismo (cultura griega) en el estilo de vida judío, algo que los fariseos odiaban y se oponían. Los saduceos rechazaban todas las autoridades excepto las Escrituras escritas (principalmente el Pentateuco) y tenían su propio Libro de Decretos, que especificaba un sistema de pena capital: quién iba a ser apedreado, quién estranguló, quién quemó y quién decapitó (cuán dulce).
3. **Maestros de la Ley:** Ellos eran los maestros laicos de la Ley y eventualmente suplantaron a los sacerdotes en las sinagogas. En el Nuevo Testamento, estos hombres fueron llamados principalmente "escribas", pero también se los conoce como "abogados" y "maestros de la Ley". Si los fariseos eran los teólogos y los saduceos

eran los miembros ricos de la junta, los Maestros de la Ley se parecían más a los pastores de la iglesia local.

Aunque los fariseos y los maestros de la ley eran con frecuencia los adversarios de Jesús, no todo era malo. Los fariseos le pidieron que comiera con ellos en algunas ocasiones,[1] y también algunos de ellos le advirtieron que se pondría en peligro.[2] Además, parece que hubo fariseos (incluido Nicodemo) que creían en Él, aunque lo hacían en secreto debido a la hostilidad de sus líderes hacia Yeshua, en hebreo por "Jesús".

Pablo mismo afirmó su afiliación con los fariseos en varios lugares. El apóstol declaró que era un judío criado en Jerusalén a los pies de Gamaliel, un fariseo líder que ayudó a Pedro y a los apóstoles poco después del comienzo de la Iglesia.[3]

El Nuevo Testamento muestra que Cristo no tuvo enfrentamientos con los saduceos hasta cerca del final de su ministerio, principalmente porque eran más un partido político y no los maestros religiosos del pueblo. Los saduceos estaban menos preocupados por la religión y más preocupados por el poder que podían adquirir a través del sumo sacerdocio y el sistema político. Los fariseos y los saduceos eran las dos "partes" religiosas / políticas que servían en el Gran Sanedrín, una especie de Corte Suprema judía compuesta por setenta y un miembros, cuya responsabilidad era interpretar todas las leyes civiles y religiosas.

Karl Barth pensó en "la revelación de Dios como la abolición de la religión".[4]

¿Podemos probar esto con todos?

Porque lo más fácil del mundo sería señalar con el dedo, acusar a los religiosos y mantenerse alejados de sus sistemas. No obstante, Jesús se comprometió no solo con los recaudadores de impuestos y los pecadores, sino también con los líderes religiosos de su tiempo. Lo criticaron, se burlaron de sus enseñanzas y tomaron parte en el plan para matarlo. Pero debemos recordar siempre que Jesús murió por la hipocresía de los hombres que acusaron a la mujer condenada, tanto como murió por la mujer misma. Tenemos que identificar la autojustificación en nosotros mismos para poder rendirla nuevamente, sabiendo sin lugar a dudas que Cristo nos ama, cree en nosotros y permanecerá con nosotros hasta el final.

Oh, sí, hablaremos la verdad de Cristo frente a los horribles sistemas hechos por el hombre que continúan corrompiendo el mensaje de la gracia. Pero nosotros lo hacemos con plena conciencia de que "*nuestra lucha no es contra seres humanos, sino contra poderes, contra autoridades, contra potestades que dominan este mundo de tinieblas, contra fuerzas espirituales malignas en las regiones celestiales*".[5]

Notas

1.Ver Lucas 7:36; 11:37; 14: 1.
2. Ver Lucas 13:31.
3.Ver Hechos 5: 33-39.
4. Karl Barth, Church Dogmatics, Vol. 1, Pt. 2 (Edimburgho: T. y T. Clark, 1956), 280.
5. Efesios 6:12(NVI)

7

CONSECUENCIAS DE LA VIDA FARISAICA

Hola amigo,

Gracias por llegar al Capítulo 7. Esta carta es un esfuerzo por explicar lo que está por suceder, porque lo que estoy compartiendo a continuación es posiblemente la parte más repugnante del Nuevo Testamento. Luché con mis editores sobre esto porque, como regla, nunca pones un extracto tan largo de las Escrituras en medio de tu escritura (y especialmente no este extracto).

"Es mejor comentar al respecto y simplemente hacer referencia a la cita bíblica en las notas a pie de página", dijeron.

"La mayoría de las personas lo omitirán", dijeron.

"Perderás el interés de los lectores", dijeron.

Los expertos pueden tener razón. Pero, ¿cómo podría omitir un sermón tan poderoso, conmovedor e inquietante?

Tal vez si te explico por qué lo hago, te ayudará a digerir mejor. Tal vez.

Aquí está Jesús hablando a las personas sobre la autoridad religiosa de su tiempo. Estos líderes lo han estado molestando con preguntas, desafíos, e incredulidad; entonces Jesús responde con uno de sus discursos más largos e ininterrumpidos.

Si me pongo de pie en la mayoría de las iglesias modernas, sin decirles que Jesús dijo esto, y que solo he predicado (palabra por palabra) los versículos que estás a punto de leer, probablemente nunca volveré a ser invitado (y me encanta que me inviten de nuevo). Ahora, porque te amo, he decidido darte la versión de *The Message* para que sea lo más accesible posible a nuestro contexto y nuestra conversación. #GraciasEugene. Y tienes que confiar en mí; el 95 por ciento de todo lo que predico, enseño y escribo es sobre el amor de Dios. Pero viendo que esto es Jesús hablando, y Jesús es la imagen de Dios, y Dios es amor puro sin filtro, lo dejaré aquí y saldré en silencio.

Nos vemos en el otro lado. Abrazos,

Carlos

Mateo 23: 1-34 (MSG):

Jesús se volvió para dirigirse a sus discípulos, junto con la multitud que se había reunido con ellos. "Los eruditos de la religión y los fariseos son maestros competentes en la Ley de Dios. No te equivocarás al seguir sus enseñanzas sobre Moisés. Pero ten cuidado de seguirlos. Hablan en buena línea, pero no la viven. No la toman en sus corazones y ni la viven en su comportamiento. Todo es enchapado escupido y pulido.

"En lugar de darte la Ley de Dios como comida y bebida con la que puedes tener un banquete con Dios, la empacan en bultos de reglas y te tiran el peso como si fueras animal de carga. Parecen complacerse al verte tambalearte bajo estas cargas, y no pensarían en levantar un dedo para ayudar. Sus vidas son perpetuos espectáculos de moda, chales de oración bordados un día y oraciones floridas al siguiente. Les encanta sentarse en la mesa principal en las cenas de la iglesia, tomando el sol en las posiciones más destacadas, acicalándose en el resplandor de la adulación pública, recibiendo títulos honoríficos, y siendo llamados 'Doctor' y 'Reverendo'.

"No dejes que la gente te haga eso, ponerte en un pedestal como ese. Todos ustedes tienen un solo Maestro, y todos son compañeros de clase. No les des a las personas un lugar como expertos sobre tu vida, permitiéndoles que le digan qué hacer. Guarda esa autoridad para Dios; deja que Él te diga qué hacer. Nadie más debe llevar el título de 'Padre'; solo tienes un Padre, y Él está en el cielo. Y no dejes que las personas te

manipulen para hacerte cargo de ellas. Solo hay un Líder de Vida para ti y para ellos: Cristo.

"¿Quieres sobresalir? Entonces bájate. Sé un servidor. Si te inflas, te sacarán el aire. Pero si te contentas con simplemente ser tú mismo, tu vida contará para mucho.

"¡He tenido suficiente de ustedes! ¡No tienen remedio, eruditos de religión, ustedes fariseos! ¡Fraudes! Sus vidas son obstáculos al reino de Dios. Se niegan a entrar, y no dejarán que nadie más lo haga.

"¡No tienen remedio, eruditos de la religión y fariseos! ¡Fraudes! Van hasta la mitad del camino alrededor del mundo para hacer un converso, pero una vez lo atrapan lo convierten en una réplica suya, doble malditos.

"¡No tienen remedio! ¡Qué arrogante estupidez! Ustedes dicen: 'Si alguien hace una promesa con los dedos cruzados, eso no es nada; pero si jura con la mano en la Biblia, eso es serio'. "¡Qué ignorancia! ¿El cuero de la Biblia tiene más peso que la piel de sus manos? ¿Y qué hay de esta porción de trivia? 'Si estrechas la mano en una promesa, eso no es nada; pero si levantas la mano para que Dios sea tu testigo, eso es serio'. ¡Qué ridícula sutileza! ¿Qué diferencia hay entre estrechar la mano y levantar la mano? Una promesa es una promesa. ¿Qué diferencia hace si haces tu promesa dentro o fuera de una casa de adoración? Una promesa es una promesa. Dios está presente, observándote y responsabilizándote de rendir cuentas a pesar de todo.

"¡No tienen remedio, eruditos de la religión y fariseos! ¡Fraudes! Ustedes guardan meticulosos libros de contabilidad, diezmos por cada centavo y cada diez centavos que obtienen, pero en la carne de la Ley de Dios, cosas como la equidad, la compasión y el compromiso -¡los conceptos básicos absolutos! –los toman o los dejan sin cuidado. La contabilidad cuidadosa es encomiable, pero se requieren los fundamentos. ¿Tienen alguna idea de lo tonto que se ven escribiendo una historia

de vida que está mal de principio a fin, buscando faltas en nimiedades como comas y puntos y comas?

"¡No tienen remedio, eruditos de la religión y fariseos! ¡Fraudes! Pulen la superficie de sus copas y tazones para que brillen al sol, mientras por dentro están agusanados con su codicia y glotonería. ¡Estúpidos fariseos! Estreguen los interiores, y entonces la superficie brillante significará algo.

"¡No tienen remedio, eruditos de la religión y fariseos! ¡Fraudes! Son como parcelas de tumbas bien cuidadas, hierba cortada y flores brillantes, pero a seis pies de profundidad son huesos podridos y carne carcomida por gusanos. Las personas los miran y miran y piensan que son santos, pero debajo de la piel ustedes son fraudes totales."¡No tienen remedio, eruditos de la religión y fariseos! ¡Fraudes! Construyen tumbas de granito para sus profetas y monumentos de mármol para sus santos. Y dicen que si hubieran vivido en los días de sus antepasados, no habría sangre en sus manos. ¡Protestan demasiado! Están cortados de la misma tela que esos asesinos, y diariamente suman al recuento de muertos.

"¡Serpientes! ¡Furtivos reptiles! ¿Creen que pueden escapar de esto como gusanos? ¿Que nunca tendrán que pagar los platos rotos? A causa de personas como ustedes, envío profetas y guías sabios, generación tras generación, y generación tras generación los tratan como basura, recibiéndolos con muchedumbres de linchamiento, acosándolos con abuso."

Hola de nuevo.

Bienvenidos. Me alegra que lo leíste.

Ahora déjame mostrarte cómo las personas pueden caer en este tipo de engaño. Aquí está mi advertencia legítima de las consecuencias de la vida farisaica.

Protagonizada por mí.

8

CARLOS A. RODRÍGUEZ, FRAUDE EXTRAORDINARIO

"Dios nunca ungirá al falso tú, así que deja de fingir".
—atribuido a Heather Jackson

Como predicador joven, pastoreando una iglesia local en crecimiento, el 2014 no podía haber empezado mejor. Tuve múltiples invitaciones para predicar en diferentes naciones, y en mi línea de trabajo, eso es un banquete encima de la cadena alimentaria.

En enero, mi esposa y yo estábamos en el escenario el primer día de una magnífica conferencia en Toronto. Estábamos liderando la reunión, luciendo perfectos y obteniendo cada vez más reconocimiento en nuestro mundo carismático-cristiano.

Para abril, estaba lanzando mi primer libro y viajando de regreso a Canadá para ser el orador principal en una importante conferencia de jóvenes. Luego partí rumbo a Rumania, Inglaterra, Perú y Colombia, con otros viajes e invitaciones por todos los Estados Unidos. Estaba predicando principalmente a grandes multitudes, vendiendo toneladas de libros y obteniendo ofertas lucrativas.

Así que sí, estaba "acabando".

Sin embargo, cuanto más me convertía en un experto en Dios, menos parecía conocerlo a Él. De alguna manera, dejé de hacer lo más elemental de nuestra fe: hablar a Jesús, morir a la ambición, ser amable con mis palabras y servir a los más pequeños. Lo peor de todo es que me volví violento en casa; perforando agujeros a través de la pared, diciendo palabrotas a mi esposa, poniéndome áspero físicamente, y siendo un completo idiota con ella frente a los niños. Cuanto más grande era mi plataforma, más grande era mi punto ciego. Así que no notaba que mi esposa era súper infeliz, que mi corazón estaba cansado y amargado, que mis hijos estaban desesperados por mi atención, y que mis amigos estaban más distantes que nunca.

Estaba tan cegado por mi ego que me enojé y me deprimí. Y por supuesto... todos los demás tenían la culpa.

"¡El diablo me está atacando!" "¡Mi infancia fue tan difícil!" "¡La iglesia es muy exigente!" "¡Catherine es tan egoísta!"

Y una y otra vez creí y pequé.

Cuando estamos luchando con un comportamiento feo y patrones de iniquidad, el único camino a seguir es asumir nuestra responsabilidad y dejar que Dios sea responsable de todo lo demás. Y es algo obligatorio descubrir la dolorosa verdad de que *quien eres cuando nadie mira es quien realmente eres.*

¿Quién era yo cuando nadie estaba mirando? Un esposo abusador y lanzador de piedras que deshonraba a las personas con quienes trabajaba y fingía ser santo y conectado al cielo.

Después de un tiempo estancado de no ver progreso de mi parte, afortunadamente mi valiente esposa habló. Ella pidió ayuda; ella exigió que hiciera los cambios necesarios, pero a mis ojos, mi llamado dependía de las palabras de la mujer que me delataba ante mis líderes. La odiaba por eso, porque desde mi perspectiva equivocada, ella estaba saboteando mi éxito. Me tomó meses darme cuenta de que había un pecado profundo real y una transgresión.

Después de años de enseñar sobre la increíble identidad y filiación de hijo de Dios, nunca imaginaría que lo más liberador que Él me diría sería: "*Carlos, tú eres el problema*". Mis pastores dijeron lo mismo. Como lo hizo el consejero. Y mis amigos. Y Dios otra vez. Entonces sí, yo era el problema.

El horrible proceso comenzó. Perdí mi posición como el pastor principal de la iglesia. Perdí mis invitaciones para predicar, viajar y hacer más ventas. Perdí el respeto de los líderes, pastores y miembros de la familia. Fui forzado a recibir consejería matrimonial, mucho ministerio personal, dos retiros en las montañas (para más ministerio y consejería), y un par de meses de sentirme como la escoria de la tierra. Estaba convencido de que todos querían atraparme. Miré mi comportamiento y pensé que todos estaban exagerando. Me ahogué en mis excusas: "He sido tan bueno", "Muchas personas luchan contra la ira", "Comparado con otros maridos, soy un santo", y así sucesivamente.

Incluso contrastaba mi "caída de la gracia" con la de otros predicadores, y pensaba que yo estaba haciendo cosas increíbles y que la recuperación de ellos era desastrosa.

"Ok, ok, necesito trabajar en algunas cosas... pero a todos nos pasa... ¿verdad?"

En la raíz de todo esto, el problema principal era que seguía diciéndoles a todos: "Mi familia era la prioridad", pero yo vivía como si el ministerio a tiempo completo fuera la prioridad. Me sentía tan orgulloso del hecho de que nunca le había sido infiel a mi esposa con otra mujer, sin darme cuenta por completo de que le estaba siendo infiel con la novia de Cristo.

Mi arrogancia me persiguió hasta el punto de que ni siquiera me di cuenta de lo destructivo que era mi comportamiento. La capacidad de pronunciar un sermón, hacer una invitación y entretener a las masas se había convertido en el principal definidor de mi identidad. El título de "pastor" se había convertido en "mi más preciado". Las oportunidades para predicar se convirtieron en mi confirmación. Y el evangelio de Jesús fue la herramienta para construir mi propio reino.

Para citar a Richard Rohr una última vez, "El ego odia perder, incluso a Dios".[1]

Oh, sí, lo hace.

Con todo mi corazón odiaba esa temporada de caminar en la luz. Era un fariseo hecho y derecho: aterrador, furioso, engañado. O en las palabras de Jesús (que me ama tanto):

"¡No tienen remedio, eruditos de la religión y fariseos! ¡Fraudes! Son como parcelas de tumbas bien cuidadas, hierba cortada y flores brillantes, pero a seis pies de profundidad son huesos podridos y carne carcomida por gusanos. Las personas los miran y mira y piensan que son santos, pero debajo de la piel ustedes son fraudes totales."[2]

Durante el otoño de 2014 (juego de palabras), me quedé principalmente en casa, tranquilo, amargado y pensativo. Veía reposiciones de *Breaking Bad (Romper mal)* mientras "rompía mal" yo mismo. El "experto en Dios" se convertía en un experto en dolor. Sin embargo, inmerso en ese dolor, volví a encontrar al Dios sobre el que había estado enseñando al mundo.

Una noche estaba llorando mucho, arrepintiéndome ante mi esposa y pidiéndole otra vez que perdonara mis arrebatos y mi grave deshonra. Y allí tuve la sensación más extraña y fuerte de que Jesús me decía: "Estoy orgulloso de ti". Ese habría sido un momento perfecto para que Dios me corrigiera, desafiara o hablara más disciplina. (Él ha hecho los tres en el pasado, y como padre yo mismo, entiendo cómo son necesarios) Pero en el punto más bajo de la vida, Dios me recordó las alturas de su amor. Su amabilidad me llevó a arrepentirme. Ya sabes, el tipo de arrepentimiento en el que realmente cambias tu dirección, dejas de culpar a los demás y comienzas a sanar adecuadamente.

Sí, ese (hermoso) tipo.

Poco a poco, empecé a darme cuenta de que Catherine es mi llamado supremo. Entonces, comencé a entender que mis hijos son mis principales discípulos y que mi familia es la congregación más importante. También comencé a respetar sinceramente a mi público (incluso en la iglesia, en medios impresos y en las redes sociales), y comencé a sentirme cómodo con mis debilidades y las de ellos.

Ahora el plan es continuar la transformación, seguir creciendo en medio del cambio y permitir que Dios me guíe como padre en todo lo que Él tiene para mí. Y a pesar de que mis títulos han cambiado, las oportunidades han cambiado y mis prioridades han cambiado, el amor de Dios siempre será el mismo.

Para todos nosotros.

A veces se siente apropiado tirar piedras a nosotros mismos. O al menos, permitir que otros arrojen piedras libremente. Hemos sido pecaminosos, destructivos y malos, por lo que nos sentimos condenados y culpables, dignos de vergüenza. Sin embargo, es en esos mismos momentos cuando el Hijo de Dios se inclina y comienza a escribir en la tierra.

Queremos castigarnos a nosotros mismos, pero el Espíritu quiere consolarnos. Queremos declararnos culpables, pero el Juez justo quiere liberarnos. Queremos desacreditarnos a nosotros mismos, pero Abba nos llama *Su justicia*. Y si eres consciente de tu pecado en este momento, te invito a ser más consciente de su gracia trascendente. Que haya esperanza viva en ti otra vez.

Hoy, amo a mi familia más y más, y mi esposa y yo nos estamos conectando como nunca. Pasamos de hablar de divorcio a casi terminar la adopción de nuestra bebé. Hemos reavivado no solo nuestro amor, sino también nuestra amistad, y estoy agradecido por su valor, su amabilidad y su compañía.

Mis dos preciosos hijos se vuelven más graciosos y más deliciosos todos los días. Realmente me enfoco en ser su padre y no hay mayor alegría que pastorearlos luchando, jugando a *Minecraft* y caminando en el bosque.

También estoy predicando nuevamente, sirviendo en la iglesia local, escribiendo libros y caminando, cojeando. Sobre todo, me mantengo cerca de Aquel que siempre ha sido fiel a mí.

Hace tres años, toqué fondo.

Pasé del ministerio de tiempo completo a la miseria de tiempo completo. Pero mi familia (tanto en Inglaterra como en Puerto Rico) me amó a través de eso. Mis líderes fueron pacientes durante la restauración. Y Dios fue constante incluso cuando yo no lo era.¿Puedo alentarte a aceptar radicalmente lo que sea que estés luchando? No tienes que aceptarlo como parte de tu identidad, pero cuanto más te humilles y reconozcas tu necesidad de ayuda, más cerca estarás de tu transformación.

Es por eso que Jesús habló Mateo 23. Él no estaba avergonzando a los líderes religiosos, los estaba salvando de ellos mismos. El amor duro es algo (de Dios) real, amigos. El problema es que nos gusta enfocarnos en lo difícil mientras a Jesús le gusta enfocarse en el amor.

Muchos de nosotros necesitamos salvarnos a nosotros mismos. Nuestros patrones de pecado y adicción han controlado nuestras vidas privadas. Nuestro deseo de ser amados por los demás nos ha hecho desanimar a los que más nos importan. Nuestra ambición de significado nos ha cegado de lo que es realmente significativo. Y a veces, el precio de la restauración y la reconciliación se llama "tragarse tu orgullo" y "admitir que estás equivocado". Esto fue cierto para mí. Tal vez sea cierto para ti.

Es posible que hayas alcanzado el punto en el que necesitas aceptar radicalmente tu fragilidad para poder abrazar radicalmente el amor de Dios. Te encontrará dónde estás, no donde deberías estar, y cuando le permitas comenzar el proceso, puede sonar como "Hijo mío, este es el problema". Allí escuchas, te humillas y haces espacio para la sanidad.

Jesús se preocupa más por nuestros corazones que por nuestros ministerios; por nuestros asuntos de carácter más que por nuestra unción. Y si estamos dispuestos a enfrentar lo peor, a la luz de lo mejor de Él, el Salvador está listo para salvar más.

¿Eres la mujer sorprendida en el acto de adulterio, o los líderes religiosos atrapados en el acto de la hipocresía? De cualquier manera, escucha su melodía una vez más: "*Ni yo te condeno; vete, y no peques más*".[3]

Notas

1. Rohr, *Falling Upward*, 47.
2. Mateo 23: 27-28 MSG, cambiado de plural a singular.
3. Juan 8:11.

9

AMAR LA CONFUSIÓN

"La iglesia es una institución defectuosa y humana, para la que siempre tengo esperanza".[1]
—Stephen Colbert

Por mucho que la iglesia necesite ser desafiada, mi desafío es seguir creyendo en la iglesia. No porque ella sea perfecta, sino porque ella le pertenece a Él (y yo soy parte de ella). Después de mi año de muerte, sepultura y resurrección, comencé a darme cuenta de muchas cosas de las que no había tenido conocimiento antes. Mis ojos estaban abiertos tanto a la belleza como a la hipocresía de la vida moderna de la iglesia. Mi corazón era como una esponja que podía absorber la sanación que la familia de Dios proveía, tanto como la locura que infligía a los demás. Me sorprendió lo bipolar que eran mis emociones todos los domingos por la mañana, pero después de una temporada de dolor y transformación, comencé a amar nuevamente el cuerpo de Cristo.

Pero todavía estaba despierto.

Antes de mi colapso era necesario mantener la ilusión. Esta era la máquina que me daba una plataforma. Lo que fuera que la iglesia hacía y decía yo estaba de acuerdo porque estaba pagando las cuentas. Ahora veo a mi alrededor una tensión revolucionaria en la iglesia, que es a la vez profética y necesaria... pero la única manera de que siga siendo profética y útil es el camino del amor.

Ese es nuestro distintivo.

La religión, la espiritualidad y la teología tienden a ser destructivas cuando no están empapadas de humildad y honor. Y yo sé que de hecho, Jesús ama a su propio cuerpo. Él está muy cómodo en su propia piel, no es consciente de sí mismo acerca de su físico, y a diferencia de mí (después de tres meses de comilonas invernales), se mira en el espejo y honra cada parte de sí mismo.

Completamente.

Tú y yo somos el cuerpo de Cristo, y de alguna manera Él ama cada arruga, moretón y parte flácida. Sí, Jesús realmente ama a la iglesia, incluso cuando tú y yo no la amamos.

La Biblia dice que *"Vosotros, pues, sois el cuerpo de Cristo, y miembros cada uno en particular."*.[2]

Eso significa que juntos somos su cuerpo, pero en Él, todavía hay lugar para ser individuos. Pablo hizo esta distinción clara; algunos son ojos, algunos son piernas, otros son codos (y afortunadamente nadie es el apéndice).[3]

Todos pertenecemos, todos tenemos un lugar, ¡y todos somos parte de Él! Y no solo una parte, sino espiritual y experiencialmente, Cristo.

Creo que el apóstol realmente entendió este concepto porque lo primero que Jesús le dijo fue: *"Saulo, Saulo, ¿por qué me persigues?"*.[4] Pablo, que era Saulo antes de este encuentro, debe haber estado confundido en este momento, porque en realidad nunca había interactuado con el hombre Jesucristo. Él sabía de Él, rechazaba sus enseñanzas y asesinaba a su pueblo, pero al hombre verdadero Jesús nunca lo había conocido. Sin embargo, en la luz cegadora en el camino a Damasco, escuchó la voz divina y entendió, *si persigo a la iglesia, persigo al Señor (y viceversa).*

Han sido más de quince años de ministerio de la iglesia a tiempo completo para mí. Durante ese tiempo, he sido un pastor de jóvenes, un pastor de adoración, un pastor principal y un pastor de lo que sea que necesites que yo sea. He trabajado en el departamento de medios, club de drama, cabina de sonido, equipo de bienvenida, seguridad, consejería y echar fuera demonios. He hecho cosas que no me gustan, con las que no estoy de acuerdo, y cosas que me han manipulado para que haga. Y me encantó la mayor parte. He limpiado los inodoros solo, he predicado a miles a la vez, he viajado a más de treinta naciones con el evangelio y he odiado a unos 246 miembros de la iglesia.

Sin embargo, cada uno de esos hermanos y hermanas (que se sentían como feos primos lejanos en ese momento) se convirtió en la gloriosa invitación a caminar como mi Salvador camina.

Puedo decir que ha habido momentos en los que me he sentido indignado con la política, la estupidez y la falsedad de la iglesia; sin embargo, cada vez (y me refiero a todas las veces), Jesús ha compartido sus pensamientos acerca de su cuerpo a través de es*ta* pregunta: *"Carlos, ¿por qué me persigues?"*.

Cuando amas a Dios, pero odias a la iglesia, tienes que entender que Dios te ama y que ama a la iglesia… tanto como a ti. Sé que hay escenarios en los que la iglesia se ha ganado el derecho a ser odiada, pero Jesús sigue siendo el mismo ayer, hoy y siempre.

Ahora permíteme advertirte; la iglesia podría proveer una comunidad sostenible por un tiempo, pero te garantizo que si permaneces lo suficiente, esa comunidad te fallará. La iglesia también puede proveer suficiente actividad espiritual para satisfacer tu hambre religiosa, pero puedo garantizar que finalmente te aburrirás y te parecerá suficiente. La iglesia puede incluso proveer una sensación de crecimiento, cambio y mejora, pero eventualmente fallarás nuevamente, volverás a pecar, herirás de nuevo, y puedo garantizar que alguien en la iglesia te rechazará por tus fallas.

Así que no vengas por la comunidad, la actividad espiritual o la superación personal, ven a llevar tu cruz. Abraza tu rol en el cuerpo y destruye al egoísta-orgulloso-egocéntrico-tú. Enfócate en el Siervo, Rey y Jesucristo resucitado… que te ama a ti y a mí y a todos esos 246.

La Deidad nos dejó este modelo muy imperfecto, para que en nuestra imperfección colectiva, encontremos su amor perfecto.

Decirle a Jesús, "Odio a la iglesia" es como decirle a mi esposa que es gorda y fea. Podría estar "en lo cierto" de acuerdo con mis muy "equivocados" estándares de belleza y vanidad, pero obviamente estoy terriblemente equivocado (y soy tonto) por decirlo.

El valor en el reino nunca ha sido sobre lo que vemos; siempre ha sido sobre lo que Dios dice. Y dice que somos *"linaje escogido, real sacerdocio, nación santa, pueblo adquirido por Dios, para que anunciéis las virtudes de aquel que os llamó de las tinieblas a su luz admirable"*.[5]

Sé que tienes razones legítimas para estar en desacuerdo conmigo. La iglesia ha herido a muchos corazones, ha roto buenas familias y ha producido demasiado queso. Pero (y es un gran pero) ha sido, y sigue siendo, su cuerpo, juntos, individualmente, unidos, la familia de Dios.

¡Sí! El cambio tiene que venir. Ya es hora de la reforma. El avivamiento es imperativo. Y no estamos en el negocio de mantener la unidad falsa y la paz no transformadora. Resistiremos las fortalezas que sostienen sistemas impíos de racismo y sexismo dentro de la familia de Dios. Nunca estaremos bien con la manipulación y el control; no es el camino del reino y no será nuestro camino. Pero quiero que seamos parte de la generación que es un sistema autoinmune natural para el cuerpo, y no una generación que actúa como el veneno de la quimioterapia que ataca desde el exterior. Ambos quieren sanación. Uno es saludable.

"Si alguno dice: Yo amo a Dios, y aborrece a su hermano, es mentiroso. Pues el que no ama a su hermano a quien ha visto, ¿cómo puede amar a Dios a quien no ha visto?". Esto es 1 Juan 4:20 y es un material requerido para nuestros corazones y sus inclinaciones de juzgar.

Recuerda las palabras de Nicky Gumbel: "Lo que une a la iglesia es infinitamente más importante que lo que nos divide".[6]

No es necesario encasillar esta conversación. Puede ser grande, puede ser pequeña, puede ser de la vieja escuela, o puede ser relevante para un *hipster*... pero elige. Encuentra la parte ideal donde puedes servir en el cuerpo. La reunión en la que tú y yo podemos unirnos regularmente para decir: *¡Jesús está vivo! Y a pesar de nuestras diferencias, eso merece que celebremos juntos*. A quién le importa si son diez mil personas en un estadio o solo tres almas reunidas en un hogar, lo que importa es que estés allí (porque Dios sabe, el cuerpo de Cristo te necesita allí). Necesitamos tu historia y tu dolor, tus talentos y tus convicciones, tus tensiones y tu hierro.

Yo solía predicar este tipo de mensaje como pastor porque quería más personas en mis asientos, por lo que habría más cabezas para contar, un número de asistencia más grande. Cada semana solía invitar a otros a esta revelación porque quería que las personas se involucraran y ayudaran a construir mi propio pequeño reino patético, pero ahora estoy convencido de predicarlo (y vivirlo) por el bien de Él.

Notas

1. Citado en Barbie Latza Nadeau, "Stephen Colbert se revela acerca de su devota fe cristiana, el Islam, el Papa Francisco y más", The Daily Beast, 9 de septiembre de 2005, http://www.thedailybeast.com/articles /2015/09/09/stephen-colbert-opens-up-about-his-devout-christian-faith-islam-papa-francis-and-more.html. (Consultado el 18 de marzo de 2017).
2. 1 Corintios 12:27.
3. Ver los versículos 15-26.
4. Hechos 9: 4.
5. 1 Pedro 2: 9.
6. Reportado por Carey Lodge, "Nicky Grumbel: Un mundo dividido exige una iglesia desatada", Christianity Today, 5 de mayo de 2015,https://www.christiantoday.com/article/ nicky.gumbel.a.divided.world.demands.a .united.church/53299.htm. (Consultado el 27 de marzo de 2017).

10

VERGÜENZA AJENA (FREMDSCHÄMEN)

"La iglesia debe estar tan llena de risas y de alegría desenfrenada que los de afuera presionen sus narices contra nuestras ventanas anhelando entrar en la fiesta".[1]

—Ray Cortese

¿Conoces esa sensación terrible cuando alguien está cantando desafinado? ¿Realmente mal? ¿Frente a todos, y no tienen idea de lo mal que va? Ese sentimiento se llama *fremdschämen,* un término alemán que describe el proceso de sentir "vergüenza ajena". Por ejemplo, "Tom estaba completamente perdido mientras arrastraba torpemente su discurso en la boda de Alex".

Fremdschämen.

Así es como me siento el 98 por ciento de las veces que veo televisión cristiana, o veo un versículo bíblico cristiano con un Jesús súper cursi en el fondo en Pinterest. Me siento de esta manera cuando escucho una canción cristiana que suena de la década de 1990 en la radio en 2017, veo una película cristiana en el teatro que con razón obtiene un 11 por ciento de *Rotten Tomatoes* o, lo que es peor, cuando veo a un cristiano religioso hablar de política en las noticias.

Fremdschämen.

Sí, ¡odio la crítica en mí! Pero no puedo negarlo: estoy avergonzado de mi familia espiritual. Y muchos como yo hemos decidido alejarnos. Están eligiendo Netflix en lugar de *GOD TV*, *The Tonight Show* sobre *The 700 Club*, Jennifer Lawrence en *Catching Fire* sobre Nicolas Cage y / o Kirk Cameron en cualquier película de *Left Behind*.

¿Por qué? Porque es muy difícil superar esa miseria. ¡Es una carga que no podemos soportar!

Ahora el problema es que siento que estoy contradiciendo las Escrituras. El apóstol Pablo dijo en Romanos 1:16 (NVI): *"A la verdad, no me avergüenzo del evangelio, pues es poder de Dios para la salvación de todos los que creen: de los judíos primeramente, pero también de los gentiles"*.

Sin embargo, me siento tan avergonzado. No puedo evitarlo. Y lo peor de todo es que, como pastor que ha realizado múltiples eventos en vivo, grabado música de adoración y ha estado en televisión cristiana, ¡estoy muy avergonzado de mí mismo!

La buena noticia es que estoy comenzando a darme cuenta de que el evangelio es diferente del cristianismo. El evangelio del que Pablo habla es la declaración perfecta de amor y gracia de Dios. El cristianismo es la respuesta humana a ese mensaje. El evangelio es la buena noticia de la salvación, para todas las personas, en todas partes. El cristianismo es la expresión imperfecta de las personas que han recibido y reconocido esas noticias como buenas. El evangelio es la obra terminada de Cristo. El cristianismo es el trabajo inconcluso de los hombres. Soy cristiano al 110 por ciento.

No niego nuestra etiqueta, pero mi fe tiene poco que ver con el cristianismo y todo tiene que ver con Cristo mismo. Tú ves, Jesús no era cristiano. Ni la primera iglesia ni los primeros discípulos se hicieron llamar cristianos. La palabra *cristiano* no se usó hasta Hechos 11:26, cuando otros la usaron como insulto.

Hay múltiples historias en la Biblia de personas que recibieron salvación (y nos encontrarán en el paraíso) que nunca se autodenominaron "cristianas". Nunca oraron la oración del pecador, nunca escucharon a Chris Tomlin o United, nunca vieron *War Room* y lo están haciendo bastante bien.

Sé que es de naturaleza humana resaltar lo negativo; así que recuerdo y honro intencionalmente a los millones de seguidores de Cristo que aman a sus familias y que son una luz en sus comunidades, en todo el mundo. Hay una cantidad increíble de talento y creatividad que ha sido producida por asombrosos seguidores de Jesús y el tsunami de esa luz está creciendo rápidamente.

También está bien que lo admitamos cuando una expresión de cristianismo no se adapta a nuestro estilo, edad o preferencia. ¡Esa es la belleza de la familia! Podemos honrarnos y celebrarnos sin tener que ser exactamente lo mismo.

Sí, soy pastor de una magnífica iglesia cristiana (grito para mi familia de Catch the Fire Raleigh-Durham). Amo a mis amigos y compañeros de trabajo cristianos. Me entusiasma servir en un ministerio cristiano global. Sin embargo, no me conformaré con la expresión del evangelio que estamos presentando actualmente. Jesús no murió para crear una reunión el domingo por la mañana; dio su vida por todos los que encontramos de lunes a sábado. Nuestro mensaje principal no es defender a Chick-fil-A por cerrar los domingos. Nuestro mensaje principal es compartir el amor de Dios con el club de *striptease* de la carretera. Nuestra voz no es principalmente para decidir quién gobierna en la Casa Blanca. Nuestro verdadero poder es cuando trabajamos en beneficio de nuestras ciudades, nuestros líderes y nuestros enemigos.

Los medios y la política son un lugar secundario para el evangelio. Nuestra plataforma principal es con nuestras familias, en la cuneta con los desamparados, con los huérfanos y las viudas, y con los más pobres entre los pobres. Ahí es donde el *Rock of the Ages* invirtió gran parte de sus esfuerzos. Y desde ese lugar podemos *hablar la verdad al poder* con auténtica autoridad.

Muchas son las voces que quieren tomar el control de las siete montañas de influencia. Prefiero servirles. Además, quiero mantener dulce mi corazón. No puedo ser el juez de lo que es bueno, válido o propiamente "cristiano" (Dios sabe que me estoy volviendo viejo y cursi). *¿Qué sé de todos modos?*

Nuestra familia cristiana es un organismo de dos mil años que está cambiando y cambiando constantemente, y estoy sinceramente emocionado por las diversas formas en que la iglesia está madurando, uniéndose y rechazando su propia religiosidad. Sí, el camino es largo y tedioso, pero sería útil que analistas como yo invirtieran más tiempo amando y honrando para ver la unidad necesaria en el cuerpo.

Aun así, el cambio debe venir.

Esa es la tensión perfecta.

Amamos a la iglesia a pesar de las inconsistencias, pero no nos contentaremos con permanecer inconsistentes. El mundo tiene que conocer al Cristo verdadero y vivo: el que era amigo de los pecadores, que era el enemigo de la religión, que amaba más a las personas que a los eventos y que ya había tenido suficiente de la expresión religiosa / espiritual en su propia era y vino a mostrarnos una nueva (y mejor) forma.

Entonces, la próxima vez que sientas que el fremdschämen (vergüenza ajena) se eleva en tu corazón, sonríe a lo grande. Agradece al buen Dios por la persona / película / programa / predicador que te está avergonzando por dentro, y emocionando por el cambio que ellos y tú traerán al sistema. La verdad es que están en TV / escenario / radio porque han dedicado el tiempo y el esfuerzo para seguir lo que pensaban que era lo correcto. Ahora, déjalos que se conviertan en una invitación para ti que diga: "¡Es mi momento!" y usemos toda la energía que hemos estado desperdiciando al señalar con el dedo, para convertirlo en una inversión de imaginación y una transformación radical. No es un pecado sentirse avergonzado por una expresión del cristianismo que no se parece a Cristo. El pecado es juzgarlos, sin hacer nada tú mismo.

Como dijo Jesús cuando los discípulos se quejaron de un miembro "diferente" de la familia: *"No se lo prohibáis; porque el que no es contra nosotros, por nosotros es"*.[2]

Notas

1. Ray Cortese, publicación de Twitter, 27 de febrero de 2015, 4:07 p.m., http://twitter.com/RayCortese.
2. Lucas 9: 50

11

EL LANZADOR DE PIEDRAS LOCAL

"El comienzo del amor es permitir que los que amamos sean perfectamente ellos, y no torcerlos para que se ajusten a nuestra propia imagen".[1]
—Thomas Merton

De alguna manera mi corazón creyó la mentira otra vez: "¡Tienes razón en esto, Carlos! Definitivamente entiendes a Jesús. La verdad está de tu lado, puertorriqueño casi santo". Y en la creencia de tal estupidez, me convertí en aquello de lo que estaba en contra: un lanzador de piedras. Sí.

Uno de esos.

Hace unos años publiqué algunos artículos en línea que criticaban a dos líderes cristianos y sus ministerios. Usé sus nombres, sus imágenes y los videos seleccionados convenientemente que señalaban su codicia. En menos de cuarenta y ocho horas, dos de mis propios líderes se acercaron a mí. Estaba listo para escuchar sus puntos de vista, pero erróneamente anticipé que querían controlar mi contenido. Hicieron exactamente lo opuesto; me amaron a través de desacuerdos, me llamaron a un lugar más elevado y me invitaron a regresar al mensaje de gracia. Estoy agradecido por su paternidad. Como Jon Acuff dijo brillantemente: "Los líderes que no pueden ser cuestionados terminan haciendo cosas cuestionables".

Reaprendí algo en esas reuniones: las personas necesitan corrección, pero eso siempre se hace en el contexto de las relaciones, porque si no hay relación, entonces no nos hemos ganado el derecho a corregir. Eso es lo que mis amigos me hicieron, y eso es lo que debí haberles hecho a los demás.

Me encanta desafiar a la iglesia con las palabras de la Cabeza de la iglesia. Pero eso no me da autoridad para corregir directamente a otros líderes en el cuerpo de Cristo, a menos que los conozca personalmente o les haya servido lo suficiente como para ganar ese privilegio (ver Mateo 18: 12-17 para la forma apropiada de hacer esto, según Jesús).

He tenido que negar la jurisdicción autoimpuesta de llamarlos a través de mis plataformas. Necesito el evangelio tanto como las personas a quienes les predico el evangelio. Líderes, pecadores, teólogos y personas raras, nos necesitamos los unos a los otros y necesitamos la gracia del Padre. Y el recordatorio de Pablo es: *"Con toda humildad y mansedumbre, soportándoos con paciencia los unos a los otros en amor"*.[2]

Empecé a bloguear porque quería decirles a los quebrantados que tengan esperanza, y decirle a la iglesia que tiren menos piedras. Sin embargo, de alguna manera, mientras trataba de hacer ambas cosas, perdí la esperanza y recogí algunas rocas. La mayoría de mis artículos son combates de lucha interna que reciben novecientas palabras de la atención del lector. Nada de lo que digo es la verdad del Evangelio (excepto cuando cito a Jesús en la verdad del Evangelio).

Así que te pido perdón por los momentos en que te sugiero que juzgues a la iglesia en lugar de quererla más. Me arrepiento por juzgar estilos y denominaciones, por criticar a líderes en diferentes organizaciones, y me arrepiento por arrojar piedras.

Para resolver el problema de que la iglesia juzga demasiado al mundo, no podemos juzgar demasiado a la iglesia. Para abordar la hipocresía en el liderazgo de la iglesia, no podemos ser hipócritas con los líderes de la iglesia. Los juicios "correctos" no arreglarán nada, pero confiar en Dios con su pueblo lo hará. Esto funciona en ambos sentidos: *si tu teología te hace sentir superior a los demás, vuelve a pensar en tu teología.*

Y ten en cuenta que acercarte a los influenciadores con humildad (y la voluntad de aprender de sus experiencias) en realidad les abre la puerta a estirarse por nuestra innovación y fe. Reunirse en la mesa de Jesús con los Pedros, los Gamaliels y los Tomás nos permite ser transformados por Cristo, y los unos a los otros. Cuanto más camino como familia hacia la familia de Dios, más puedo influenciar a mis hermanos y hermanas. Y el viaje más productivo que hago en la vida es encontrarlos a mitad de camino.

Jesús siempre está diciendo: *"El que esté libre de pecado, tire la primera piedra"*. Una generación quiere que arroje piedras a los pecadores; otra generación quiere que arroje piedras a los líderes de la iglesia. Durante dos mil años, los hombres han tratado de conseguir que Jesús arroje una piedra a las personas del lado opuesto. Sin embargo, a pesar de que Él es el único libre de pecado, nunca lo hará.

Así que te dejaré con esta cita de Gene Edwards del magistral libro *A Tale of Three Kings (Perfil de tres monarcas)*, un libro que me encuentro releyendo cada dos años: "Cualquier joven rebelde que levante su mano contra Saúl, o cualquier viejo rey que levante su mano contra un Absalón, puede, en verdad, levantar su mano contra la voluntad de Dios".[3]

David, arrepintámonos para entrar en la voluntad del Padre. Perdonemos a los líderes que hemos juzgado; dejemos de ser legalistas y críticos; y vamos a movernos juntos al más alto nivel de gracia.

Eso debe comenzar con nosotros.

Notas

1. Thomas Merton, No Man Is an Island (Boulder, CO: Shambhala Publications, 2005), 177.
2. Efesios 4: 2.
3. Gene Edwards, *A Tale of Three Kings: A Study in Brokenness* (Carol Stream, IL: Tyndale House Publishers, 1992), 76.

12

EXTRAVAGANTES ENCANTADORES

"Solo la Biblia y nos secamos. Solo el Espíritu y explotamos. Pero Palabra y Espíritu, crecemos".[1]
—John Wimber

Probablemente ya hayas notado que soy un *carismático* cómodo. Este es uno de los términos apropiados usados para describir a mi tribu. Y no te preocupes, no estoy tratando de convertirte; solo quiero darte acceso a mi experiencia cristiana.

Nosotros, pentecostales / carismáticos, somos los que creemos que las manifestaciones del Espíritu Santo vistas en la iglesia del primer siglo, como sanación, milagros y hablar en lenguas, están disponibles para los cristianos y pueden ser experimentadas hoy.

Formamos el 8.5 por ciento de la población mundial y el 27 por ciento de todos los cristianos. Y nuestra rama del cristianismo es la segunda en tamaño solo para la Iglesia Católica Romana.[2] Como escribió Sarah Bessey.

> Mientras que muchas tensiones de la iglesia disminuyen en influencia, los pentecostales y los carismáticos continúan creciendo a pasos agigantados, particularmente en el Sur Global. La iglesia en general se ve cada vez más carismática. Incluso las denominaciones

más tradicionales reconocen las experiencias carismáticas y los despertares en todo el mundo.

La Mission Board Internacional de la Convención Bautista del Sur recientemente levantó su prohibición de que los miembros hablen en lenguas. Y dos de los mayores movimientos en el cristianismo en este momento, Hillsong y Bethel, son firmes, sin disculpas, y profundamente carismáticos / pentecostales en su lenguaje, teología, expresión y pasión.[3]

Recuerdo vívidamente la primera vez que escuché a un hombre hablando en lenguas. Me causó una gran impresión, y esto fue después de escuchar el testimonio de un hombre que fue sanado de VIH, lo que me impresionó aún más. Luego vi a unos cientos de personas irrumpir en cantos, mientras mi madre tocaba la pandereta (a la perfección), y eso todavía me impresiona.

La primera vez que "caí bajo el poder", estaba en una misa católica con mi novia de la escuela secundaria, tratando de conquistar a su madre y burlándome del extraño sacerdote que oraba por sanidad y por echar fuera demonios.

Oh sí, nos sentimos cómodos con términos como echar fuera demonios, la experiencia del tercer cielo y emborracharnos en el Espíritu.

De alguna manera, cómodos.

Y sí, me pasó primero durante una misa católica.

Confía en mí, sé lo extraño que adoramos y oramos y ondeamos nuestras banderas. Pero esta es mi familia, y tan cohibido como me siento a veces, no los negaré... a nosotros... a mí... a Él... nunca.

Más que eso, no puedo negar los resultados. Cada vez que he sentido la presencia de Dios (incluso cuando he luchado por comprenderlo) he dejado esas experiencias más enamorado de Cristo, hambriento de sus palabras y con una disposición renovada de amar a los demás.

Según Jesús, "conocerás un árbol por su fruto", y el fruto de las experiencias carismáticas en mi propia vida ha sido muy bueno.

Por supuesto, como cualquier otra rama del cristianismo, hay cosas buenas y malas. Personalmente he visto abuso y manipulación espiritual en nuestras iglesias carismáticas. Todavía me preocupa nuestra escatología y tengo problemas con nuestra política inconsistente y ambiciones poderosas. También he visto personas con problemas mentales pretender ser profetas, y hombres vestidos con vestidos de novia proclamando ser la novia de Cristo.

He oído los sermones no bíblicos predicados a través de los velos de la espiritualidad y he visto a Jesús tergiversado como un conservador enojado que odia a los musulmanes. #Nadabien. Sí, el cristianismo carismático puede ser peligroso; es crudo y desordenado. Pero cuando leo los Evangelios y el libro de Hechos, veo algunas similitudes gloriosas, y reconozco que el peor peligro para mí sería ignorar por completo al Espíritu Santo y a la familia que celebra su presencia.

Como dijo Bill Johnson en su libro, *When Heaven Invades Earth* (Cuando el cielo invade la tierra): "Si asignas a diez nuevos creyentes la tarea de estudiar la Biblia para encontrar el corazón de Dios para esta generación, ninguno de ellos concluiría que los dones espirituales no son para hoy".[4]

Hay suficiente información mala sobre nosotros en línea (en serio, verifique). Mucho de esto es válido y necesario. Sin embargo, también hay dos mil años de prueba de que somos creíbles; todavía es extraño, pero sigue siendo relevante.

Jesús hizo que el Espíritu Santo descendiera sobre Él como una paloma. Él realizó milagros, señales y prodigios (extraños) y nos dijo que haríamos obras aún mayores que él. Luego, en Hechos 2, los discípulos experimentaron lenguas de fuego en sus cabezas y nuevas lenguas en sus bocas. Luego Pablo escribió y afirmó los dones espirituales en 1 Corintios 14 y más allá.

Y no se detuvo allí.

Tengo amigos cesacionistas (personas que creen que los dones espirituales milagrosos se extinguieron con los discípulos). Algunos de mis maestros favoritos son de iglesias principales. No creo que todos en el mundo necesiten rodar por el piso o sacudirse y temblar. Pero negar el trabajo activo del Espíritu Santo (incluso cuando es extraño y obsoleto) sería negar la mitad de las Escrituras (y un tercio del cuerpo de Cristo vivo hoy). Como el fundador del metodismo, John Wesley escribió:

> Estaba completamente convencido de lo que una vez había sospechado... que la gran razón por la cual los dones milagrosos se retiraban tan pronto no era solo que la fe y la santidad estaban casi perdidas, sino que hombres secos, formales y ortodoxos comenzaron incluso a ridiculizar dones que ellos mismos no tenían, y a condenarlos a todos, como locura o impostura.[5]

Hay locura e impostura en el movimiento carismático, pero también hay mucho fuera de él. Y en medio de un paisaje cambiante, está surgiendo una nueva expresión de carismáticos: un pueblo de amor, servicio y avivamiento. Esta nueva generación profética ama a los pobres, abraza los sacramentos y se enamora del Jesús de las Escrituras. Son un montón de personas raras que son geniales por ser extraños, y el Espíritu Santo les está dando poder para cambiar el mundo.

Y estoy orgulloso de ser uno de ellos. Ahora, hablemos de mi familia extendida. Ellos también tienen una gloriosa rareza.

Notas

1. La página de John Wimber en Facebook, https://www.facebook.com/-wimber-209839175122. (Consultado el 28 de marzo de 2017).
2. Foro Pew sobre Religión y Vida Pública, Movimientos y Denuncias Cristianos, 19 de diciembre de 2011, http://www.pewforum.org/2011/12/19/global-christianity- movements-and-denominations /. (Consultado el 10 de abril de 2017).
3. Sarah Bessey, " My Weird Childhood Faith Isn't So Weird Anymore", Christianity Today, agosto de 2015, http://www.christianitytoday.com/women/2015/august/my-weird-childhood-faith-isnt -so-weird-anymore.html. (Consultado el 28 de marzo de 2017).
4. Bill Johnson *When Heaven Invades Earth: A Practical Guide to a Life of Miracles* (Shippensburg, PA: Destiny Image, 1994), 107.
5. John Wesley, The Works of John Wesley, Volumen 3 (Nashville, TN: Abingdon Press, 1986), 60.

13

FAMILIA EXTENDIDA

"En cosas necesarias, unidad; en cosas dudosas, libertad; en todas las cosas, caridad."[1]
—Richard Baxter

La fea verdad es que muchos protestantes, evangélicos y carismáticos todavía tienen cosas desagradables que decir sobre el Papa Francisco (y el resto de la Iglesia Católica). La hermosa verdad es que las cosas están cambiando.

Aun así, sigue y pregúntale a Google: "¿Es el Papa Francisco el Anticristo?". Obtendrás unos 380,000 resultados en 0.32 segundos. Esas estadísticas son de hoy.

Bienvenido a la *Cristiandad*, mis amigos.

Encontrarás múltiples artículos, opiniones y sugerencias acerca de que el Papa es uno con Satanás mismo, un agente de los *Illuminati*, y un hombre engañoso que está planeando la religión de un mundo que nos destruirá a todos.

Diré algo basado en el testimonio de personas que se han encontrado personalmente con el Papa Francisco. Múltiples líderes cristianos a quienes amo y respeto (especialmente mis padres espirituales, John y Carol Arnott) han pasado tiempo con él y pueden decir que él ama a Jesús como loco. Y con ese amor, está cambiando el mundo y dando un ejemplo para Cristo que rara vez se ve en una posición tan influyente.

Lo sé, hay muchas cosas que hago diferente al Papa Francisco (y el resto de mi familia católica). Celebro un servicio, ellos celebran misa. Yo confieso en Facebook, ellos confiesan en cabinas. Yo bautizo a viejos, ellos bautizan a nuevos. Yo uso *jeans*, ellos usan túnicas. Pero en todas las diferencias de apariencia, estilo y tradición, ambos predicamos a Cristo y a Él crucificado.

Y eso es pegamento suficiente para Dios.

Durante demasiado tiempo, el cristianismo parecía una religión de poderosos líderes blancos que prestaban atención a los ricos y exitosos, y podíamos clasificar al Papa Francisco como uno de ellos. Sin embargo, una y otra vez lo vemos en las noticias, lavando los pies de los quebrantados, jugando con los niños, dando la bienvenida a su hogar a los refugiados, y haciendo muchas de las cosas que a todos nos gusta de nuestra fe cristiana.

Esta generación se siente atraída por la humildad. Ellos se preocupan por el medio ambiente. Están de pie con la Biblia, pero no quieren golpear a las personas con ella. Son pro-vida, pero eso significa todas las vidas, desde el inocente en el útero hasta el solicitante de asilo en el Medio Oriente hasta el criminal que espera la ejecución. Por desgracia, nuestro mensaje ha sido secuestrado por la retórica político-religiosa de los cristianos creyentes en la Biblia, en contraste con el sonido de los homosexuales, los aborígenes, los ateos y los liberales (precisamente el tipo de personas con las que Jesús estuvo). Y la actitud más tolerante del Papa resuena con los cristianos más jóvenes.

Pregunta por ahí. Es difícil encontrar un creyente en Cristo menor de treinta años que no piense que el Papa es épico. Por supuesto, aún estamos agradecidos por el camino recorrido por la iglesia desde las 95 Tesis de Martín Lutero.

Pero ha pasado bastante tiempo.

La Reforma Protestante fue un argumento importante dentro de la Cristiandad. Era peligroso, necesario, hermoso, y honramos la valentía de los padres de nuestra iglesia. Sin embargo, nos corresponde un tipo diferente de reforma, una que una a la iglesia, no una que la desgarre; una que no se enfoque en grandes construcciones, agendas denominacionales o teologías hechas por el hombre, sino en el amor de Dios por las personas y las buenas nuevas de la salvación.

Llamarnos protestantes se ha convertido en una expectativa profética que se sigue manifestando en las horribles secciones de comentarios de nuestros blogs y publicaciones en las redes sociales.

Así que ya no protesto más. Soy un carismático feliz. Soy un solo corazón con cada católico, pentecostal, luterano, metodista y todos los demás en nuestra familia que celebran el nombre (y los caminos) de Jesucristo.

Ahora, de acuerdo con 1 Juan 2:22: "*¿Quién es el mentiroso, sino el que niega que Jesús es el Cristo? Este es anticristo, el que niega al Padre y al Hijo*". Así que aquí hay tres citas del Papa que podrían ayudar a responder la pregunta: ¿Es el Papa Francisco el Anticristo? (Tú decides si suenan a Anti-Cristo o Pro-Jesús).

1. "Creo en Dios, no en un Dios católico, no hay un Dios católico, hay Dios y creo en Jesucristo, su encarnación."[2]

2. "La Regla de Oro también nos recuerda nuestra responsabilidad de proteger y defender la vida humana en cada etapa de su desarrollo."[3]

3. "En los momentos más difíciles, recuerda: Dios es nuestro Padre; Dios no abandona a Sus hijos."[4]

¿Qué piensas?

Yo creo que Jesús es el jefe de la iglesia; no yo, no tú y no Francisco. Pero a través de nosotros, la oración de Jesús será respondida, "*para que lleguen a ser perfectamente uno, para que el mundo sepa que tú me enviaste y que los amó, así como tú me amabas*".[5]

Me gusta lo que la autora Stacey Campbell dijo en su página de Facebook después de reunirse con el Papa:

> "Tuvimos una gran reunión con el Papa Francisco y un pequeño grupo de líderes evangélicos. Si alguna vez vamos a ser parte de la respuesta a la oración de Jesús en Juan 17, debemos caminar hacia, en lugar de alejarnos. Pudimos analizar cuestiones clave sobre la singularidad de Cristo, el sacerdocio de todos los creyentes, y el Papa Francisco nos dio su libro "Sobre el amor en la familia". Al

acercarnos al aniversario de 500 años de la Reforma, tenemos una oportunidad de orar juntos y decir la verdad en amor unos a otros. La verdad y el amor no son mutuamente excluyentes. Van juntos".[6]

Sé que la Iglesia Católica dista mucho de ser perfecta, pero cada denominación, de una forma u otra, ha sido fraudulenta y vergonzosa. Es por eso que debemos enfocarnos en Cristo, porque todos necesitamos la cuerda de salvamento de la redención. Sabes que soy pastor en una iglesia carismática moderna, y no tengo dudas de que nuestras corrientes únicas tienen su lugar en la gran historia de la redención.

Pero no somos suficientes.

Necesitamos nuestra familia ortodoxa. Necesitamos a nuestros hermanos y hermanas en las mega iglesias. Necesitamos la iglesia clandestina en China y nuestros parientes reformados en América. Necesitamos mil millones de católicos para unir nuestras manos con nosotros en solidaridad, en oración y en servicio.

Es cierto que conocí a Jesús en el evento más evangélico posible (una cruzada de Billy Graham en 1995), pero mi vida se ha enriquecido por completo al no permanecer exclusivamente allí.

También habrás notado que he salido de casi todas las corrientes del cristianismo a través de las diferentes citas que he compartido en este libro, porque creo que ninguno de nosotros posee la expresión completa de la fe que amamos. Y tal vez Dios lo hizo de esa manera para que tuviéramos que unirnos.

Para aprender el uno del otro, para crecer el uno con el otro.

Y dejar de llamarnos, el uno al otro, el Anticristo.

Notas

1. Citado en "Richard Baxter: Moderate in an Age of Extremes, Christianity Today, http: // www.christianitytoday.com/history/ people/pastorsandpreachers/richard-baxter.html. (Consultado el 30 de marzo de 2017.)
2. Citado en Eugenio Scalfari, ""The Pope: how the Church will change,", Repubblica, 1 de octubre de 2013, http://www.repubblica .it/cultura/2013/10/01/news/pope_s_conversation_with_scalfari_english-67643118 /. (Consultado el 3 de abril de 2017).
3. Citado en Terence P. Jeffrey, " Pope to Congress: Golden Rule Reminds Us of Responsibility to Defend Life at Every Stage of Development, CNS News, 24 de septiembre

de 2015, http://www.cnsnews.com/news/ artículo / terence-p-jeffrey / papa-congreso-regla-dorada-recuerda-nosotros-responsabilidad-defensa-vida-cada. (Consultado el 3 de abril de 2017).
4. Papa Francisco, publicación de Twitter, 10 de marzo de 2015, 5:00 a.m., http://twitter.com/Pontifex.
5. Juan 17:23.
6. Página de Facebook de Stacey Campbell, https: //www.facebook.com/Stacey.Campbell.5496, (consultado el 25 de marzo de 2017).

14

TRATAR CON LOS CRETINOS

"El Jesús de la Biblia vive por una filosofía simple: si el amor guía nuestros corazones, las reglas se vuelven redundantes. El amor, abrazado como una orientación centrada en otro, siempre nos llevará a lo correcto".[1]
—Bruxy Cavey

Permíteme que termine el Acto 1 con una simple guía paso a paso sobre cómo tratar con las personas religiosas (y por el bien de la hipérbole, los llamaremos los "cretinos religiosos"). En más de una década de ministerio, he sido bendecido poderosamente con cientos de correos electrónicos, comentarios y cartas de amor de ellos. Los he leído todos, he sonreído con esperanza y me he bebido unos vasos extra de leche con chocolate... para mayor consuelo.

Los cretinos religiosos suelen ser personas enojadas que justifican su odio como espiritualidad; ellos visten su amargura como la verdad de Dios y convierten su frustración en manipulación "santa". El problema no es la religión, en realidad es *auto justificación*. El Nuevo Testamento usa la palabra religión de una manera positiva, como en *"La religión pura y sin mancha delante de Dios nuestro Padre es esta: atender a los huérfanos y a las viudas en sus aflicciones, y conservarse limpio de la corrupción del mundo"*.[2]

Los cretinos religiosos son los únicos que viven en la segunda mitad de ese verso. Se esfuerzan por evitar contaminarse por el mundo, pero olvídate de amar y servir al mundo (cuidando a los huérfanos y las viudas). Ya he hablado lo suficiente sobre mis costumbres religiosas, así que con humildad trataré de ser amable en esta guía paso a paso para tratar con los cretinos religiosos:

Paso 1: Date cuenta de que tú mismo eres un cretino religioso.

Puedes ser religioso acerca de no ser religioso. Puedes ser religioso acerca de ser libre de gluten o libre de lactosa o ser anti-. Todos tenemos un sentido de mayor valor en función de lo que hacemos de manera diferente a los demás. Comparar es naturaleza humana. Yo sé que yo mismo soy un cretino religioso.

Paso 2: La próxima vez que haya un desastre natural, sé más ruidoso con el amor de lo que son los cretinos religiosos con las suposiciones.

Ellos podrían decir que Dios está actuando de manera destructiva debido a los homosexuales, feministas, abortistas, comunistas, socialistas, Obamacare, liberales, pornógrafos, o lo que sea. Pero Jesús es Dios, y Jesús detuvo la tormenta. Jesús nunca comenzó a destruir a los pecadores; solo detuvo a uno para salvar a sus amigos.

También hubo esta vez cuando las personas en Samaria no dieron la bienvenida a Jesús. Y luego, "*Viendo esto sus discípulos Jacobo y Juan, dijeron: Señor, ¿quieres que mandemos que descienda fuego del cielo, como hizo Elías, y los consuma? Entonces volviéndose él, los reprendió, diciendo: Vosotros no sabéis de qué espíritu sois*".[3]

Paso 3: (Lee arriba) Permite que Jesús los reprenda.

Es su trabajo, no el nuestro. Como Brian Zahnd una vez tuiteó: «¿A quién se dirigió Jesús con rudeza? Casi exclusivamente a los escribas y fariseos. ¿Por qué? Porque retrataron a Dios como severo con los pecadores".[4] *Deja que Jesús lo haga. Él puede salirse con la suya.*

Paso 4: Gánatelo.

Siempre que no estés de acuerdo con un cretino religioso, no te conviertas en un cretino. A menos que estés dispuesto a caminar por el camino de la relación, la comunidad y la responsabilidad, involucrarte en argumentos solo traerá desconfianza. Lo último que necesitamos es otra disputa familiar. O participa en el diálogo basado en el amor, o ciérralo. Recuerda Proverbios 14: 3 (NVI): *"De la boca del necio brota arrogancia; los labios del sabio son su propia protección".*

Paso 5: No trates de convencerlos con versículos de la Biblia sobre el amor de Dios (probablemente conozcan muchísimos versículos sobre la ira, la muerte y el pecado).

En lugar de eso, habla de la forma en que el Padre te amó, te alentó, y se mostró amable contigo. Sé vulnerable con respecto a tu debilidad y deja que Dios muestre la fuerza de su amor (y exprime unas pocas escrituras para hacerlo legítimo).

Paso 6: (Debería haber empezado con este.) **¡No los llames cretinos religiosos!** (Ni siquiera por el bien de la hipérbole)

Son humanos, tan pecaminosos y tan necesitados como las personas a quienes deshumanizan, tan valiosos para Dios como el niño más inocente. Cada uno tiene un nombre, una historia y un valor increíble. Y para cada uno de ellos, Jesús sangró seco en la cruz.

Paso 7: No juzgues por las apariencias.

Eso es lo que la *mayoría* de las personas odian acerca de las personas religiosas. Pero es la forma en que la mayoría de las personas juzgan a una "persona religiosa": las canciones que cantan, la ropa que usan, la forma en que votan o las cosas que promueven en las redes sociales. Lo he hecho cientos de veces, y cada vez que lo hago, escucho al Espíritu Santo decir amorosamente: "¿Quién te hizo mejor que ellos?". O como Santiago escribió en su carta formidable:

> *"Hermanos, no hablen mal unos de otros. Si alguien habla mal de su hermano, o lo juzga, habla mal de la ley y la juzga. Y, si juzgas la ley, ya no eres cumplidor de la ley, sino su juez. No hay más que un solo legislador y juez, aquel que puede salvar y destruir. Tú, en cambio, ¿quién eres para juzgar a tu prójimo?".*[5]

Sí, eso.

Paso 8: Pídeles oración.

Es mi nueva estrategia cuando trato con las personas que me destruyen por mi predicación o mis escritos. Pido sus oraciones, porque quién sabe, tal vez tengan razón en cuanto a mí. ¿Quién soy yo para presumir que mis pensamientos, opiniones y teología son correctas... y que ellos están equivocados? Tal vez los necesito más de lo que me necesitan.

Anécdota de la vida real: un predicador súper religioso en Puerto Rico estaba a punto de morir. Era popular en la iglesia, y por horribles razones, también era popular fuera de ella. Él fue quien envió a todos al infierno y estaba orgulloso de ello. Lo hizo a través de gritos, y salivazos (en la televisión nacional), y su pasión y consistencia lo hicieron famoso durante años. Unas semanas antes de que ese predicador fuera al cielo, otro predicador famoso y súper prosperidad invitó al primero a hablar en su iglesia. Eran literalmente los polos opuestos en todas las formas teológicas. Se vestían de forma diferente, predicaban de manera diferente, actuaban de manera diferente y pecaban de manera diferente, pero Jesús es un imán y unió a sus hijos de hierro.

Todos estaban confundidos por la invitación. El predicador religioso había insultado públicamente al predicador de la prosperidad (y viceversa) en múltiples ocasiones. A su vez, la mayoría de la iglesia y los medios pensaron que todo era una táctica de mercadeo. Pero cuando el predicador religioso comenzó a predicar, comenzó a arrepentirse. Habló de usar mal el púlpito y lastimar a la familia de Dios. Él fue sincero y humilde. Y al final de su hermoso sermón, el pastor de la prosperidad trajo un balde de agua, se arrodilló y lavó sus pies. El humilde predicador murió pocos días después, con los pies lavados por la gracia de su próspero hermano.

Nunca hubiera visitado ninguna de las iglesias de esos pastores. No fueron mi taza de té. Pero en ese día de arrepentimiento y humildad, se convirtieron en una manifestación de Jesús para el mundo. Mostraron la bondad de Cristo a su cuerpo, demostraron el poder del perdón y la reconciliación, y me enseñaron una lección de decencia de toda la vida.

Jesús (como siempre) lo dijo perfectamente: *"Pero a vosotros los que oís, os digo: Amad a vuestros enemigos, haced bien a los que os aborrecen."*[6] Aunque formen parte de la familia cristiana, dejemos de buscar una pelea.

Tengamos hambre de conexión. Vamos a lavarnos unos a otros con la amorosa gracia de Dios. Y tomemos el consejo de Brené Brown, quien dijo, citando a su esposo: "Nunca sabré si las personas están haciendo lo mejor que pueden o no. Pero cuando supongo que lo son, mejora mucho mi vida".[7]

Notas

1. Bruxy Cavey, El Fin de la Religión: Encuentro con la Espiritualidad Subversiva de Jesús (Colorado Springs: NavPress, 2007), 94.
2. Santiago 1:27 NVI
3. Lucas 9: 54-55.
4. Brian Zahnd, publicación de Twitter, 16 de abril de 2015, 8:23 p.m., http://twitter.com/BrianZahnd.
5. Santiago 4: 11-12 NVI
6. Lucas 6:27
7. Citado en Lisa Richardson, "'I am not as sweet as I used to be, but I am far more loving.' Brené Brown says it's more than okay to have healthy boundaries in place," thewellnessalmanac.com, 18 de abril, 2016, https://thewellnessalmanac.com/2016/04/18/i-am-no-tan-dulce-como-yo-solía-ser-pero-yo-soy-más-más-amoroso-brene-marrón-dice-es-más-que-está-bien-tengo-saludable- límites en el lugar /. (Consultado el 25 de marzo de 2017).

ACTO 2

LA MUJER

"Es mucho mejor que mi inútil esposo", pensó mientras se mordía los labios. Aun así, se sentía temerosa, aterrorizada en realidad, pero sabía que eso mejoraría el sexo aún más.

En su tercer encuentro fuera del bullicioso mercado, decidieron regresar a su casa. Ella reconoció con todo su corazón que estaba mal, y sin embargo de alguna manera era su corazón el que la obligaba a ir.

Su esposa estaba visitando a su primo. Su esposo (inútil como siempre) estaba fuera con amigos en Capernaum. Y todos en Jerusalén parecían distraídos por el hacedor de milagros de Nazaret.

"¿Esta noche?", preguntó agresivamente por segunda vez.

Sí, ella respondió con un movimiento de cabeza y sus ojos. Subieron, caminando con suficiente distancia entre ellos para presumir que no estaban juntos, pero lo suficientemente cerca como para crear una tensión aún más emocionante. Cuando entraron a la habitación, ella recordó el Cantar de Salomón. La determinación de su nuevo amante era muy atractiva. Ella misma se sintió con poder y control. Además, no podía tener suficiente de cómo él la miraba, y cómo eso la hacía sentir viva de nuevo. Esto es lo que su corazón siempre había querido, así que susurró en voz baja: "*¡Oh, si él me besara con besos de su boca! Porque mejores son tus amores que el vino*".[1]

Ese mismo corazón latente, que ahora latía más rápido que nunca en los ritmos de placer, casi se detuvo en estado de shock cuando la puerta se abrió con la fuerza de un gigante filisteo.

Un hombre bajo con barba larga y sombrero oscuro entró, temblando de ira y con los ojos inyectados en sangre. "¡Eres una ramera inmunda, tú!", gritó. "¡Sabía que mi hermano estaba siendo engañado! ¡Y ahora no hay dudas!"

El hombre con quien se estaba acostando se puso de pie, la besó en la frente y pasó desnudo frente a su cuñado. Se guiñaron el ojo al uno al otro como si hubieran planeado todo esto, y la mujer quedó completamente expuesta, desnuda y sola.

Otros dos hombres entraron a la habitación y la sacaron. "Te escuché, te vi, y también Yahweh", dijo el líder religioso con decisión. "Ahora prepárate para las rocas".

El terror llenó sus ojos mientras la arrastraban hacia la calle principal. Demasiado rápido, las personas comenzaron a susurrar, y luego empezaron a animar. Había pasado un tiempo desde que habían llevado a cabo una lapidación pública, pero los líderes religiosos y los que se reunían parecían preparados para ello.

"¡Ramera!", gritaban sus vecinos. "¡Ramera!", gritó un niño.

El hombre bajo se aferró a su brazo y no pudo relajar su agarre. "Tus padres estarían tan avergonzados en este momento, mujer", dijo con un toque de placer. "Gracias a los cielos están muertos y no están cerca para ver tu santa ejecución".

Me reuniré con ellos lo suficientemente pronto, pensó, mientras su vida aparecía ante sus ojos. La cercanía de la muerte era tan real que apenas podía sentir como la escupían, y los guijarros que arrojaban sobre ella. Tan pronto como fue, parecía que toda Jerusalén ya estaba al tanto de su fracaso.

Entonces, ella notó el amanecer. Por un segundo, ella decidió tomar una bocanada de aire fresco. *Tal vez sea el último*, pensó, y con ese pensamiento gritó más fuerte de lo que nunca antes había gritado. Cuando colapsó de nuevo, la mujer bajó la mirada hacia su pecho desnudo y se dio cuenta de que su corazón casi latía fuera de su pecho. Lo peor de todo, se dio cuenta de que según se sentaba en el suelo, estaba realmente sola.

Notas

1. Cantar de los Cantares1:2.

15

AMBOS

"Hay una razón por la cual las mujeres acudieron a Jesús: Porque él incluyó intencionalmente y empoderó a las mujeres cuando otros hombres de influencia religiosos no lo hicieron."[1]
—Jory Micah

Empiezo el Acto 2 resaltando el hecho de que la mujer que fue atrapada en el acto de adulterio fue traída para ser apedreada sola. Los hombres que eran expertos en conocer y enseñar la ley estaban violando la ley en Juan 8. Este bastión del chauvinismo masculino se olvidó de seguir toda la extensión de Levítico 20:10 (NVI): *"Si alguien comete adulterio con la mujer de su prójimo, tanto el adúltero como la adúltera serán condenados a muerte"*.

Ambos.

Desafortunadamente para el 49.6 por ciento de la población del mundo que son mujeres, la discriminación, el prejuicio y la misoginia siguen siendo la norma.

Jesús, por otro lado, usó su hombría de manera diferente.

Su ministerio terrenal fue apoyado por mujeres, mujeres exitosas que hicieron más dinero que Jesús y sus doce. Ellas fueron quienes proporcionaron las finanzas para la comida y el viaje,[2] y Jesús tuvo cero problemas con eso. Él no tenía orgullo machista para impedirlo. En realidad, las mujeres son las únicas patrocinadoras financieras mencionadas en la Biblia por su nombre.

Esas increíbles mujeres no solo escribieron un cheque para cubrir los gastos; también servían comidas, predicaban las buenas nuevas, sanaban a los enfermos y acompañaban a Jesús.

Pero hay una mentira que aún corre por las venas del cristianismo dominado por los hombres: *los hombres son más poderosos y Dios les ha dado el control de la iglesia.*

No es un nuevo engaño.

Es la cultura de la violación en forma "espiritual".

La *cultura de la violación* es un complejo conjunto de creencias y normas culturales que fomentan la agresión masculina y apoyan la violencia contra las mujeres.[3] Esto puede sonar como una exageración para algunos de nosotros, pero en demasiados hombres, es la furia que existe en el fondo. Y como una amiga mía compartió: "No me puedo imaginar encontrar a una mujer en esta década a quien no le hayan hecho una propuesta de una manera que se sintiera amenazante, a tientas en contra de su voluntad, o incluso le gritaran comentarios sucios cuando caminaba por la calle". #Noestábien.

Tan loco como es esto para escribirlo, tenemos que entender que Jesús fue tentado con esto. Como un orador joven, soltero y buscado, Jesús se enfrentó a miles de mujeres que se acercaron a él para recibir sanidad, atención y adoración. Algunas de ellos eran atractivas, algunos desesperadas, otras interesantes y comprometedoras, e incluso una, que era conocida por sus pecados sexuales, lo colmaba de aceite mientras besaba sus pies (más sobre ella más adelante). Jesús podría haberse acostado con alguna de ellos. Él pudo haberse forzado a sí mismo en ellas. Seguramente estuvo tentado de aprovecharse y hablar burlonamente de ellas mientras pasaba el tiempo con sus doce amigos. La Biblia es explícita: "*Porque no tenemos un sumo sacerdote incapaz de compadecerse de nuestras debilidades,* ***sino uno que ha sido tentado en todo de la misma manera*** *que nosotros, aunque sin pecado*".[4]

Desafortunadamente, hay ejemplos vivos y respirando de líderes de la iglesia que han utilizado su carisma y poder para seducir y abusar de las mujeres, devaluarlas y desacreditarlas, apedrearlas con sus palabras y violarlas con su mirada (y aún peor).

En la vida de Jesús, los rabinos judíos comenzaban cada reunión del templo con las palabras "Bendito eres tú, oh Señor, porque no me has hecho mujer". Sin embargo, el Maestro perfecto adoptó un enfoque diferente.

Leemos las Escrituras sin darnos cuenta de que dirigirse directamente a las mujeres, y en público, era extremadamente inusual para un Rabino. Como escribió Philip Yancey: "Para las mujeres y otras personas oprimidas, Jesús cambió la sabiduría aceptada de su época ... Según el erudito bíblico Walter Wink, Jesús violó las costumbres de su tiempo en cada encuentro con mujeres registrado en los cuatro Evangelios".[5]

Cuando la mujer rompió el frasco de perfume sobre los pies de Jesús y los lavó con sus cabellos, o cuando la mujer con el flujo de sangre tocó su manto, o cuando tomó la mano de la hija muerta de Jairo, o cuando María se sentó a sus pies escuchando a su enseñanza; cada vez que sucedían esas cosas, desafiaban todas las reglas normales de la sociedad.

Y Jesús *es* lo que Dios tiene que decir sobre las mujeres.

Con su ministerio, Jesús enseñó que las mujeres eran iguales a los hombres a los ojos de Dios, que podían recibir el perdón y la gracia, que podían estar entre los seguidores personales de Cristo: participantes plenos en el reino de Dios. ¡Y estas ideas fueron revolucionarias!

Ellas continúan siéndolo.

Ocasionalmente, los líderes masculinos en la iglesia luchan con fuerza para presionar las "pautas" establecidas por el apóstol Pablo con respecto a las mujeres. Sin embargo, al mismo tiempo ignoran el increíble legado que Jesús dejó para el rol de una mujer con autoridad en el ministerio. El mismo Pablo hizo la invitación más sorprendente para nosotros (el esposo varón): *"Ama a tus esposas, como Cristo amó a la iglesia y se entregó a sí mismo por ella"*,[6] que es el estándar más elevado y el mayor sacrificio (y el principal verso en el que los hombres debemos enfocarnos).

El autor Danny Silk es consciente de que "la iglesia debería ser el lugar más seguro, más libre y más empoderador para las mujeres, para cualquier persona". Pero el hecho es que el paradigma patriarcal todavía existe en la iglesia".[7]

Es irónico que con el bajo estatus de las mujeres en su época, los primeros predicadores cristianos de la resurrección no fueran hombres, sino mujeres. Jesús no se le apareció primero a Pedro, ni siquiera al amado discípulo Juan. Él se le apareció primero a María y a las otras mujeres que lo siguieron y le sirvieron. María, que lo vio primero, se convirtió en la primera persona en dejar que otras personas supieran: "¡Él está vivo!", el mensaje supremo del cristianismo. Ella fue la primera embajadora del nuevo pacto. Y creo que Jesús deliberadamente se le apareció a ella primero. Estaba enviando a la iglesia un mensaje que se hablado por medio de acciones, no solo palabras, un mensaje que Él todavía está enviando hoy.

Tengo cinco hermanas fuertes y hermosas. Fui criado por una madre divertida, temerosa de Dios y trabajadora. Mi mejor amiga en el mundo, y esposa de once años, es una dama británica hermosa, cariñosa y educada. Durante toda mi vida he estado rodeada de poderosas pastoras y estoy agradecida con Dios por su tenacidad y su ejemplo.

La imagen de Dios está incompleta sin su compasión, su fuerza y su resplandor. En palabras de Albert Benjamin Simpson: "El corazón de Cristo no es solo el corazón de un hombre, sino que también tiene la ternura y la dulzura de una mujer. Jesús no era un hombre en el rígido sentido de la hombría como distinto de la feminidad, sino, como el Hijo del Hombre, la Cabeza completa de la humanidad".[8]

Hay un desagradable síntoma de la cultura de la violación que todavía late en los medios, el entretenimiento, la política y la familia de Dios. Es hora de reconocer la tentación de explotar y abusar, y el deseo impío de controlar y dominar (sé que lo tengo, y necesito mujeres que me ayuden a ser consciente y mejorar en eso).

Por supuesto, continuaré escribiendo sobre la gracia extravagante que está disponible para abusadores, para pedófilos en prisión, para maridos abusadores y violadores. *Dios sabe que lo necesitamos.* Pero debemos comenzar a mostrar una gracia dramática para la víctima, los heridos y los inocentes.

Comienza con los abusadores que poseen su abuso: sin excusas, sin justificaciones. Se mueven hacia las víctimas caminando en perdón radical:

a su ritmo, con nuestro apoyo. Termina con la iglesia que no oculta su debilidad y que asume la responsabilidad de sus fallas.

Cristo es el estándar y a Cristo le importan los salarios justos de las mujeres. Él está comprometido con su honor en el liderazgo. Él les ha dado una plataforma de influencia y transformación. Y nuestros hogares e iglesias deben ser el lugar más seguro y más empoderador para todas ellas.

Dios el Padre quiere que se elimine toda cultura de violación (habla, comportamiento y pensamiento). Comencemos con la autoconciencia. Tengamos una conversación honesta. Y muchachos, seamos los hombres piadosos que usan nuestra hombría de manera diferente.

Notas

1. Jory Micah, publicación de Twitter, 28 de diciembre de 2016, 8:45 p.m., http://twitter.com/JoryMicah.
2. Ver Lucas 8: 3.
3. Para más información sobre la cultura de la violación: Emilie Buchwald y Pamela R. Fletcher, Transforming Rape Culture, editada por Martha Roth (Minneapolis: Milkweed Editions, 1993).
4. Hebreos 4:15 NVI
5. Phillip Yancey, The Jesus I Never Knew (Nashville: Thomas Nelson, 1994)
6. Efesios 5:25
7. Danny Silk, *Powerful and Free: Confronting the Glass Ceiling for Women in the Church* (Redding, CA: Red Arrow Publishing, 2013), 27.
8. A. B. Simpson, *When the Comforter Came* (New York: Christian Publications, 1911), 16.

16

¿A QUIÉN ESTÁS TOCANDO?

"El destino no es lo que vas a hacer, es la gente a la que vas a amar".[1]
—Shawn Bolz

Si eres un poco germofóbico, y quién no (levanta lentamente la mano), es difícil comprender cómo Jesús pudo tocar a tantos leprosos. El hecho de que se llamaran leprosos me parece insultante, pero fueron tan marginados que ninguno de los cuatro Evangelios registra el nombre de ninguna de las personas que fueron sanadas de esta terrible enfermedad.

Hay un ejemplo en Mateo cuando el Mesías descendió después del Sermón del Monte y grandes multitudes lo siguieron. Un hombre lleno de lepra vino y cayó de rodillas ante Jesús y dijo: *"Y he aquí vino un leproso y se postró ante él, diciendo: Señor, si quieres, puedes limpiarme".*[2] *Jesús extendió la mano y le tocó, diciendo: Quiero; sé limpio. Y al instante su lepra desapareció".*[3] *Instantáneamente, el hombre fue sanado de su lepra.*

> La lepra es una enfermedad crónica causada por un bacilo: Mycobacterium leprae... La enfermedad afecta principalmente la piel, los nervios periferales, la mucosa del tracto respiratorio superior y también los ojos. La lepra es curable con terapia de múltiples medicamentos (MDT). Aunque no es altamente infecciosa, la lepra se transmite a través de gotitas, desde la nariz y la boca,

> durante contactos cercanos y frecuentes con casos no tratados. Si no se trata, la lepra puede causar daño progresivo y permanente en la piel, los nervios, las extremidades y los ojos.[4]

La Ley de Moisés era clara sobre qué hacer con esta "abominación". En Levítico 13, leemos los procedimientos particulares requeridos para tratar con una persona infectada con lepra. Un sacerdote tendría que examinar las lesiones, y después de un período de observación, si la condición no mejoraba, el individuo sería anunciado como "infectado".

Además de la agitación física, la lepra se consideraba una maldición de Dios de profunda impureza. Ser declarado sucio a causa de la lepra significaba que el marginado tendría que rasgar su ropa, ponerse una cubierta en el labio superior y gritar en las calles: "¡Impuro! ¡Maldito e inmundo!"

Preocupados por la naturaleza contagiosa de la enfermedad, el pueblo judío obligó a los leprosos a vivir completamente desconectados y fuera del campamento. Incluidos en la lista negra de la comunidad, quedaron en la indigencia, sin el apoyo de sus amigos y parientes.

Este leproso que se acercó a Jesús estaba rompiendo la ley levítica. Al tocarlo, Jesús desafió aún más la ley levítica, probando una vez más que no fue movido por el amor a la ley, sino por la ley del amor.

Cuando el Cristo envió a sus discípulos con instrucciones de sanar a los enfermos, se mencionó específicamente la limpieza de los leprosos.[5] Piensa en esto por un segundo, Jesús estaba tocando la piel de hombres y mujeres que se estaban derritiendo bajo la "maldición de Dios". Nos dice que hagamos lo mismo.

Ahora piensa en cualquier persona viva que se considere "bajo maldición". De pobreza, discapacidad, enfermedad mental, ubicación, cultura o cualquier otra cosa que nuestra ignorancia haya calificado de maldición. Bueno, a quién le importa lo que nuestras teorías impías han definido como malo, malo, sucio o maldito. Según Emmanuel, debemos tender nuestras manos, tocarlas, hablar con ellas y sanarlas. Es el mismo acto que declara: "¡Dios está con nosotros!" Para algunos de los leprosos que acudieron a Jesús, es muy posible que su mayor sanidad, incluso más allá de ser salvados de su enfermedad, fuera el hecho de que otro ser humano los tocó.

Después de años de separación, distancia y rechazo, ¿qué hubiera sentido al ser tocado por la cálida mano del Mesías judío?

¿A qué se te parece?

Cuando estás solo, enfermo o lastimado por dentro y alguien se acerca; cuando luego te muestran compasión, te rascan la espalda con ternura amigable, te permiten contaminar su espacio con lo que sea que esté contaminando el tuyo. Este es el reino. Esta es la invitación.

Es la marca registrada básica y obvia de Jesús.

¿Cuándo va a ser la marca básica, obvia, de su pueblo?

Notas

1. Shawn Bolz, ""Shawn Bolz Stories – How to Come into Your Destiny: Charles Jones", 13 de agosto de 2016, video de YouTube, 6:02, https://m.youtube.com/watch?v=1-jVPONcAug.
2. Mateo 8: 2.
3. Verso 3.
4. Hoja informativa sobre la lepra, Organización Mundial de la Salud, actualizada en febrero de 2017, http: // www. who.int/mediacentre/factsheets/fs101/en/.
5. Ver Mateo 10: 8.

17

MEJOR

"No has vivido hoy hasta que hayas hecho algo por alguien que nunca podrá repagarte".[1]
—John Bunyan

Craig Romkema es uno de mis poetas favoritos. Tiene treinta y seis años, le encanta mirar baloncesto y es un ávido fanático de la geografía. Conocí a Craig en 2011 por primera vez. Y en ese primer encuentro, pasé veinte minutos con mis brazos alrededor de él, orando. Mientras oraba, su madre me decía lo duro que habían sido los últimos meses. El padre de Craig había fallecido recientemente y ella estaba pensando en mudarse de Iowa a Raleigh para estar más cerca de su familia y poder asistir a nuestra iglesia regularmente.

Escuché, sonreí y seguí intentando orar.

Pero más que cualquier otra cosa sobre esa noche, recuerdo la sensación de la barba de Craig en la punta de mis dedos. ¿Cómo? Porque Craig vive con los síntomas del autismo y la parálisis cerebral. Tiene discapacidad grave de movimiento y no puede tener una conversación personal sin asistencia monumental. Su punto más básico de conexión es agarrar tu mano, ponerla en su barbilla, y decir la palabra *cosquillas*.

Puede comprender este libro, disfrutar de la nueva película de *Avengers* (Vengadores) y tener pensamientos profundos sobre la historia, pero simplemente no puede expresarlos. Las funciones de su cerebro no son tan diferentes de las nuestras, pero su cuerpo y su voz lo mantienen en una prisión de ser malentendido.

Imagina vivir en un país donde entiendes el idioma, pero nadie te entiende. Imagina estar enamorado de una persona, pero cada vez que quieres besarla, terminas empujándola. Eso es lo que es ser Craig.

Unos años después de esos primeros veinte minutos, diagnosticaron cáncer a la madre de Craig. Intentamos hacer todo lo posible como iglesia para estar allí para la familia, trayendo las comidas, orando con fe y saliendo con Craig para que su madre pudiera ir a sus visitas al médico. Y eso se convirtió en mis mañanas de jueves. Durante semanas, recogía a Craig y salíamos juntos. Sí, siempre había algo "más importante" que hacer ese día... preparar un sermón, responder correos electrónicos, dirigir una reunión, escribir este capítulo.

Aun así, no pude sacudírmelo. Necesitaba más de Jesús, y pasar tiempo con Craig me pareció el momento más cercano a Jesús que tenía todas las semanas.

En nuestra tercera cita juntos las cosas comenzaron a ponerse serias. Mientras conducíamos, noté que Craig estaba concentrado en un automóvil que estaba a punto de salir de un túnel de lavado de autos barato. También noté que mi auto necesitaba una buena limpieza, así que canté en voz alta (con el falsete necesario), *"En el túnel de lavado... ¡woooh! Hablando sobre el lavado de autos, ¡sí!"*

Miré a mi copiloto, y después de tres segundos de nada... Craig la perdió. Así que yo la perdí.

Nos reímos tanto que mi estómago comenzó a dolerme. Creo que perdí tres libras y gané un músculo abdominal. Y entendí por qué Karl Barth escribió: "La risa es lo más parecido a la gracia de Dios".

Justo cuando el momento estaba a punto de pasar, me sentí obligado a cantar de nuevo, fuerte y orgulloso: *"En el túnel de lavado... ¡woooh!"*

Hablando sobre el lavado de autos, ¡sí!

Estoy bastante seguro de que es lo más que he reído con otro ser humano en un tramo de veinte minutos. Craig se orinó un poco, y yo también. También estoy bastante seguro de que es lo máximo que he disfrutado de la presencia de Dios mientras cantaba una canción en mi auto (lo siento, Hillsong).

Por supuesto, fuimos directamente al túnel de lavado cantando la canción una y otra vez. ¡Lo adivinaste, Craig comenzó a cantar conmigo! Comenzaría con *"En el túnel de lavado"*... y él agregaría los efectos de sonido.

Yo: *"Hablando del lavado de autos"* (Todavía en falsete)

Craig: "¡Ah-ah!" (Con su voz hermosa, rasposa y apenas comprensible) Durante semanas y semanas mi auto fue el más limpio del estado. Cada jueves por la mañana recogía a Craig, le buscaba una taza de café decafeinado, le leía poemas de Pablo Neruda en Barnes and Noble, y luego nos dirigíamos al túnel de lavado.

Cantando.

Mi papá tiene un dicho que dice que recogió de mi abuelo: "Las cosas que se hacen bien, se ven bien". Mi madre también tiene un dicho, que nos decía semanalmente (en tono de mamá): "La vida te enseñará". Puedo imaginar que tienes algunos de los tuyos, probablemente los aprendiste de un abuelo o un viejo jefe.

Jesucristo tenía un dicho. Era el tipo de cita que las personas escuchaban, recordaban y compartían (su línea más fácil de tuitear). Y, sin embargo, no entró en los cuatro Evangelios. Lo escuchamos a través del apóstol Pablo, mientras habla con un grupo de líderes de la iglesia. Él les está hablando de un próximo y peligroso viaje. También les recuerda que cuiden del rebaño de Dios y que no deseen riquezas ni lujosas túnicas. Y todo su sermón se basa en ese famoso eco: "Es mejor dar que recibir". Como en: *"En todo os he enseñado que, trabajando así, se debe ayudar a los necesitados, y recordar las palabras del Señor Jesús, que dijo: Más bienaventurado es dar que recibir"*.[2]

El sistema de este mundo no puede entender ese concepto intelectualmente; solo puede ser experimentado con el corazón. Ten en cuenta que Pablo no les está diciendo a los incrédulos que prueben esto; está hablando con los líderes de la iglesia. Es un recordatorio para aquellos en autoridad del último rugido del cielo. El estilo del reino: dar, no tomar: amar, no pasar de largo; proveer, no retener.

Debo decir que donar mi tiempo, mi dinero y mi energía social a Craig fue una de las mejores inversiones que he hecho a mí mismo. Mi caridad se convirtió en mi placer. El lavado de autos se convirtió en la iglesia. Mi hermano se convirtió en mi salvador.

El hombre a quien estaba tratando de ayudar se convirtió en un amigo que me ayudó a enfocarme. Redescubrí la alegría de la amistad durante mi tiempo con Craig. Fue maravillosamente incómodo caminar por el centro comercial más bonito de Durham, Carolina del Norte, con un hombre adulto descansando mi mano en su barba y pidiéndome que le hiciera cosquillas otra vez.

Mirar a los ojos de mi hermano me hizo darme cuenta de lo poco que me estaba mirando a mí mismo. A través de su voz áspera y su caminar quebrado, me mostró una y otra vez que una persona con una discapacidad tiene la capacidad de superar lo peor. Cada día. En todo momento. En la página de *GoFundMe* de la familia, esto está escrito sobre Craig: "Un pionero a lo largo de su vida, Craig ha sido el primero con esta discapacidad en asistir a su escuela primaria local, graduarse con honores de su escuela secundaria y, después de diez años de duro trabajo, recibir su título en Literatura Inglesa de Dordt College".[3] ¡Qué campeón!

Créanme, he orado muchas veces para que Craig sea sanado, todavía lo hago. Lucho con Dios porque mi amigo no está bien, y Dios podría hacerlo estar bien. Sé que Él puede. Sin embargo, mientras espero el milagro, salgo con mi hermano. Amo a mi hermano donde está; hago lo que sea necesario para conectarme con él, mostrarle que él importa, que su vida es valiosa.

Me gusta como lo dijo Bob Goff: "Regala tiempo y encontrarás empatía; regala empatía y encontrarás amor; regala amor y encontrarás el propósito. Sigue subiendo de nivel".[4]

Cuando la hermosa madre de Craig falleció, tuve el privilegio de predicar en su funeral. No hubo palabras para hacer más fácil el momento. Acababa de compartir las buenas nuevas de Jesús porque sabía que eso era exactamente lo que ella hubiera querido que su familia escuchara. Después de leer las Escrituras, orar por la familia y ver una presentación de diapositivas de la madre de Craig con todos los familiares, nos reunimos para comer bocadillos y dulces.

Quería brindar consuelo. Quería pastorear bien el momento. Pero lo único que le pude ofrecer a Craig en el funeral fue una mirada en sus ojos y el sonido de nuestra canción: "*¡En el túnel de lavado, sí!*" Con lágrimas y sonrisas en nuestras caras, lo cantamos con otros. Fue un momento humano; un momento dulce e incómodo entre amigos. Y fue el tipo de dar que no espera nada a cambio.

Estoy de acuerdo con Jesús, eso fue mejor.

Notas

1. John Bunyan citado en James Lloyd, Torch Tips for a Luminous Life (Newbury Park, CA: 9 Screens International, 2006), 75.
2. Hechos 20:35.
3. "Historia", https://www.gofundme.com/barbandcraig. (Consultado el 23 de junio de 2017).
4. Bob Goff, publicación de Twitter, 10 de diciembre de 2016, 12:55 p.m., http://twitter.com/bobgoff.

18

EL ARTE DEL PENSAMIENTO DE JUICIO

"Si crees lo que te gusta en los evangelios y rechazas lo que no te gusta, no es al evangelio al que crees, sino a ti mismo".
—atribuido a San Agustín

El adulterio es un pecado mayor. Es una malicia destructiva que corrompe la santidad del matrimonio. Pero es solo uno de los 677 pecados principales en la Biblia. Va del egoísmo, a la fornicación, al asesinato, a la murmuración, al doble ánimo... así que está claro que todos somos pecadores (y aún más claro que necesitamos la redención). La ley prueba que somos imperfectos; el evangelio provee un Salvador perfecto.

Sí, somos hijos de Dios, un real sacerdocio, adoptado y amado, la niña de sus ojos, pero el apóstol Pablo cargaba una hermosa tensión de la que todos podemos aprender. Pasó de llamarse a sí mismo "pecador en jefe"[1] a decir a las personas que *"Sed imitadores de mí, así como yo de Cristo"*.[2] Mostró su autoridad como gran misionero, mientras que al mismo tiempo mostraba las luchas de su carne humana. Era un hombre que entendía su gran vocación como "Pablo", mientras que al mismo tiempo abrazaba su gran fragilidad como "Saulo".

Podríamos usar un poco más de esta tensión en la iglesia. Es demasiado acerca de *mí y mi grandeza*, o demasiado acerca de *ellos y su maldad*. ¿Qué pasaría si nos enfocáramos en la belleza de los demás mientras enfrentamos las transgresiones del yo? Esto no se trata de ser suave con el pecado; esto es más sobre el desequilibrio de ser suave con nuestros pecados y duro con los suyos.

No creo que el mundo se deje intimidar por la debilidad de la iglesia, sino más bien por su falsedad. Entonces, ¿qué pasa si lo principal que destacamos fuera nuestra necesidad de Jesús en lugar de la necesidad de nosotros que tiene el mundo?

Tengo una amiga en Texas que lanza los *baby showers* (celebración para los bebés antes de su nacimiento) más extravagantes para las chicas con embarazos no planificados. Y cuando digo extravagante, me refiero a extravagante al estilo Texas.

Su nombre es Amy Ford y su ministerio, *Embrace Grace* (Abraza la gracia), ahora se encuentra en cientos de iglesias en todos los Estados Unidos. A los diecinueve años, Amy pasó por el trauma de ser rechazada debido a su embarazo no planificado. Se desmayó momentos antes de que su aborto tuviera lugar y aunque eligió la vida, y aunque decidió casarse con el padre de su hijo, sus amigos y líderes cristianos la rechazaron. La vergüenza que llevaba era casi insoportable, sin embargo, ella decidió confiar en Dios y criar a su bebé en el amor. Luego resolvió romper el ciclo de la vergüenza y comenzar un programa en el que las jóvenes podían experimentar la alegría de su milagro de maneras que ella nunca pudo.

Las personas han criticado su ministerio por "alentar el comportamiento pecaminoso", pero Amy y su equipo han aprovechado la oportunidad para celebrar una nueva vida y predicar la historia de la redención: un *baby shower* a la vez.

Sé bíblicamente por qué Amy ama tanto: es porque le han dado mucho.

Una vez, Jesús fue invitado a una cena organizada por un fariseo llamado Simón. Una mujer de la ciudad, que era una prostituta conocida, cayó de rodillas y lloró a los pies del Santo Hombre. Mientras todos miraban, ella derramó el aceite más caro, usó su propio cabello como toalla y besó los pies de Cristo en adoración. *"[El anfitrión religioso] se dijo a sí mismo: 'Si este hombre fuera el profeta que yo pensé que era, él sabría qué tipo de mujer es esta que está cayendo sobre él'".*[3]

Jesús, conociendo los pensamientos íntimos de Simón, le respondió con la breve parábola: "*Dos hombres estaban en deuda con un banquero. Uno debía quinientas piezas de plata, las otras cincuenta. Ninguno de los dos podía pagar, y el banquero canceló ambas deudas. ¿Cuál de los dos estaría más agradecido? Simón respondió: "Supongo que el que fue más perdonado*".[4]

Demoliendo cada norma que existía, Jesús le dijo a Simón que aprendiera de la *prostituta que adoraba, y no al revés.*

> *"Eso es correcto", dijo Jesús. Luego, volviéndose hacia la mujer, pero hablando con Simón, él dijo: "¿Ves a esta mujer? Vine a tu casa; no proveíste agua para mis pies, pero ella llovió lágrimas sobre mis pies y los secó con su cabello. No me diste ningún saludo, pero desde el momento en que llegué ella no ha dejado de besarme los pies. No aportaste nada para refrescarte, pero ella ha calmado mis pies con perfume. Impresionante, ¿no es así?"*.[5]

Entonces, permítanme cambiar las versiones de la Biblia cuando Jesús termine su declaración radical con: "*Por lo cual te digo que sus muchos pecados le son perdonados, porque amó mucho; mas aquel a quien se le perdona poco, poco ama*".[6]

No creo que por un momento Jesús estuviera insinuando que la mujer era más pecaminosa (en cantidad o calidad) que los hombres en la habitación. Era solo que sus pecados eran más obvios, más abiertos y más fáciles de definir. Sabemos por leer Mateo 23 que Jesús expuso y definió los pecados de los fariseos, y ese hubiera sido el punto. Si crees que solo tienes dificultades con algunas cosas, entonces solo estarás agradecido por algunas cosas. Si eres consciente de las muchas transgresiones que te consumen, muchas serán tus canciones de adoración a los pies del Salvador.

No estoy hablando de glorificar nuestras transgresiones; estoy hablando de ser muy consciente de las muchas veces que Dios nos ha perdonado y nos ha amado a pesar de ellas.

Hay 677 pecados en la Biblia. Si luchas con solo uno de ellos o 676 de ellos, "*la paga del pecado es la muerte*".[7] Nota que "el pecado" es singular.

Solo uno es suficiente.

Juzgar a una persona que tiene trescientos pecados visibles no tiene que ver con los tres que escondes. Es por eso que el arte del pensamiento de juicio debe ser reemplazado por la belleza de la conciencia y la gratitud, tal como lo hizo Amy Ford en su vida. Cayó a los pies de Jesús, recibió sus palabras de gracia (por su vida y su hijo), y ahora vive eso para los demás.

Su historia de rechazo se convirtió en la invitación. El amor que recibió se convirtió en su motivación. Lo que el enemigo pretendía para el mal, Jesús y Amy lo voltearon para bien.

Taguea, tú eres eso.

Notas

1. Ver 1 Timoteo 1:15 (RVC)
2. 1 Corintios 11: 1
3. Lucas 7:39 (MSG)
4. Versos 41-43 (MSG)
5. Versos 44-46 (MSG)
6. Lucas 7:47
7. Romanos 6:23.

19

EVANGELIO DE CULTURA POP

"Dios no comparte nuestro sistema de calificación. Para él, todo pecado es igualmente malo, y todos los pecadores son igualmente dignos de ser amados."[1]

—Judah Smith

Al encontrarme yo mismo como la mujer de la historia, atrapada en el acto de ______________________ (elija uno de mis muchos pecados de los capítulos anteriores) me ayudó a volver a enfocar mi atención.

Así que comencé a escribir.

Escribir se convirtió en mi estación de procesamiento, una versión de consejería más barata y menos efectiva. Tomé el consejo de mi amigo y comencé un blog llamado HappySonship.com. Estaba persiguiendo la marca de la palabra Sonship, pero no pude lograrlo. Verás, en mis círculos de corazón paternales/carismáticos paternales, *filiación* es la Meca. Es a donde queremos que todos accedan. Traté de comprar el dominio real sonship.com, pero veinte mil dólares parecían un poco altos para mi presupuesto (solo un poco). Fui con los $ 3.95 más adecuados por mes y elegí el dominio HappySonship.com.

Todo esto sucedió durante ese terrible verano cuando la canción "Happy" de Pharrell dominó las ondas. Sí, el mismo verano en que la tristeza real dominaba mi aire y mis olas. Aun así, mis hijos (y la mayoría de los Estados Unidos) no quisieron escuchar otra cosa que no fuera el *single* exitoso de *Despicable Me 2*.

Para mí, hubo solo unos pocos momentos felices durante toda la temporada. Sin embargo, en el medio de esto, mi intuitiva esposa tuvo un sueño de que algo significativo sucedería en una fecha insignificante. Y fue el 3 de octubre, cuando aprendí sobre blogs y lancé mi sitio web a Internet. La verdad es que no pensé que comenzar un blog sería una parte significativa de mi vida (al menos no un tipo de cosa significativa *de Dios-dando-una-fecha-en-un-sueño)*. Sin embargo, lo que sucedió después alteró todo.

Las primeras publicaciones en el blog trataban de hacerles saber a las personas que incluso cuando la vida apesta, el amor de Dios no. Mi objetivo al compartir era ser lo más transparente posible y poner a prueba las reacciones de las personas. Para mi sorpresa, más de cuatro millones de visitantes únicos llegaron al sitio en el primer año. Todo lo que estaba haciendo era escribir artículos cortos con titulares como: "Los 20 peores errores que he cometido como pastor", "La guía definitiva para el sexo cristiano por primera vez" y "Qué hacer cuando te lastiman". Y todos fueron escritos con una combinación de humor, dolor y autenticidad.

Una noche específica, decidí comentar sobre la experiencia "nacido de nuevo" de la superestrella de Hollywood Shia LaBeouf. Después de filmar el drama *Fury* de la Segunda Guerra Mundial, en el que interpretaba a un hombre cristiano apodado "Biblia", Shia le dijo a la revista *Interview:*

> "Encontré a Dios haciendo la película Fury. Me convertí en un hombre cristiano, y no en un toro de porquería, de una manera muy real. Podía haber dicho las oraciones que estaban en la página. Pero fue una cosa real que verdaderamente me salvó. Y no puedes identificarte a menos que realmente estés pasando por eso. Es un intercambio total de corazón, una rendición de control".[2]

Escribí más de setecientas palabras sobre cómo Jesús se juntaba con los pecadores, tenía algunos hombres que maldecían como sus seguidores y cómo el hermano LaBeouf encajaría perfectamente con ellos. En menos de tres días, más de doscientas cincuenta mil personas habían leído el artículo. Pero no fueron los números los que me impresionaron. Fueron los comentarios que iban desde "¡Qué refrescante es que alguien esté diciendo esto!" hasta "¡Oye, charlatán, esto es una herejía absoluta!"

El primer grupo me puso nervioso; me hizo preguntarme: *¿Espera, nadie más está diciendo esto?* El segundo grupo confirmó en gran medida mucho de lo que había estado escuchando y viendo en mis seis años de pastoreo en el sur cristiano.

Y debido a eso, escribí un poco más.

Durante un tiempo, fue principalmente una respuesta de gracia a lo que fuera que estuviera en tendencia en las redes sociales. Cuando las personas se quejaban de Obama, escribí sobre orar por sus líderes. Cuando las personas estaban condenando a un pastor que había caído en pecado, escribí sobre mis fallas y la compasión de Jesús. Cuando las personas estaban enviando a Bruce Jenner al infierno por ser Caitlyn Jenner, escribí sobre Jesús invitando a los líderes religiosos a tirar las piedras.

Ese último fue el artículo que comenzó el viaje de este libro. Se tituló "Cómo mira Dios a Bruce Jenner". Más de 1,2 millones de personas leyeron ese artículo en unos días y recibí cientos de llamadas y correos electrónicos de personas de todo el mundo. Durante la semana, el artículo se volvió viral, y descubrí algo: las personas que predican la gracia tienen mayor temor, las personas que predican los juicios son en gran parte audaces, y la ecuación debe cambiar. Encontré a miles de creyentes en la forma de Jesús, que mantenían esas formas en secreto. Fui atacado simultáneamente por cientos de creyentes en el nombre de Jesús. Me insultaron, me declararon perdido, e incluso me acusaron de ser parte de los Illuminati.

Sí, *los Illuminati*.

Y había una multitud más, una bandada afilada y más cautelosa. Estos fueron los hijos e hijas de padres cristianos que estaban luchando con su fe. Algunos pidieron reunirse conmigo. Otros me escribieron cartas de agradecimiento, mientras confesaban sus luchas con la homosexualidad, dudaban de la existencia de Dios y amaban fumar hierba. Me di cuenta de que hay una iglesia dentro de la iglesia que está viva, pero rota. Han soportado años de agendas de líderes religiosos y la esperanza de Cristo casi se ha ido.

Escribo para ellos, sabiendo que cuidar a las personas como lo hizo Jesús significa una vida de malinterpretación.

El *Pew Research Center* publicó una encuesta de 35,000 adultos estadounidenses que mostró que el porcentaje de la población cristiana descendía vertiginosamente, al 70.6 por ciento.[3] Daniel Burke de CNN informó:

> "En el 2007, el 78.4% de los adultos estadounidenses se llamaban a sí mismos cristianos. Mientras tanto, casi todas las ramas principales del cristianismo en los Estados Unidos han perdido un número significativo de miembros, principalmente porque la generación del milenio está abandonando el redil. Más de un tercio de los mileniales ahora dicen que no están afiliados con ninguna fe, diez puntos porcentuales más desde 2007. La certeza de su éxodo sorprende incluso a los expertos. "Hemos sabido que los religiosos no afiliados han estado creciendo durante décadas", dijo Greg Smith, director asociado de investigación religiosa de Pew, e investigador principal del nuevo estudio. "Pero el ritmo al que han seguido creciendo es realmente asombroso". No solo los mileniales abandonan la iglesia. Ya sea casado o soltero, rico o pobre, joven o viejo, que viva en el oeste o en el cinturón de la Biblia, casi todos los grupos demográficos han visto una caída significativa en las personas que se llaman a sí mismos cristianos, según descubrió Pew.[4]

¿Puedes culparlos?

Pareciera que el diálogo entre la política, la religión y el cristianismo ha producido una fe que mantiene fuera a las personas en lugar de amarlas. Los líderes cristianos vocales destacan los pecados de Hollywood y los liberales, mientras ignoran los pecados de la iglesia. Luchamos públicamente, criticamos públicamente y nos quejamos públicamente, todo mientras olvidamos que el Señor dijo (públicamente): "Los sanos no tienen necesidad de médico, sino los enfermos. No he venido a llamar a justos, sino a pecadores".[5] Nada alcanza a las personas como ser amadas cuando menos lo merecen; y nada aleja a las personas como ser juzgadas cuando no se lo merecen.

Sé que el cristianismo occidental está perdiendo gente. Pero Cristo no.

Esta es nuestra oportunidad de unirnos a Él.

Notas

1. Judah Smith, Jesus Is: Find a New Way to Be Human (Nashville: Thomas Nelson, 2013),

4-5.
2. Elvis Mitchell, "Shia LaBeouf", entrevista, 20 de octubre de 2014, http: // www.interviewmagazine.com/film/shia-labeouf#page2. (Consultado el 26 de marzo de 2017).
3. Foro Pew sobre religión y vida pública, cristianismo global: un informe sobre el tamaño y la distribución de la población cristiana mundial (Pew Research Center, 2011), 67.
4. Daniel Burke, "Los Millenials abandonan la iglesia en manadas", encuentra un estudio, "CNN.com, 14 de mayo de 2015, http://www.cnn.com/2015/05/12/living/pew-religion-study/. (Consultado el 26 de marzo de 2017.)
5. Marcos 2:17.

20

RE-ENFOCAR NUESTRA ATENCIÓN

"El evangelio no es solo para los abortistas, prostitutas y homosexuales, sino también para los pastores adictos al porno, los ancianos inconversos y los feligreses que se auto-justifican."[1]
—Burk Parsons

La iglesia hizo un buen trabajo al hacer de Juan 3:16 un verso bien conocido. Estoy tan seguro de tu familiaridad con él, que ni siquiera lo pondré disponible en esta página. Pero justo después de Juan 3:16, viene Juan 3:17. Y este versículo, que merece tanta atención como el anterior, exige una lectura a fondo: *"Porque no envió Dios a su Hijo al mundo para condenar al mundo, sino para que el mundo sea salvo por él"*.

Esta es la intención de Dios, su deseo y su trabajo. Es claro, preciso y disponible. Jesús no vino a condenar al mundo; Él vino a salvarlo. El mismo lenguaje se usa en la historia de Juan 8:11, cuando Jesús dijo: *"Ni yo te condeno"*.

Entonces, ¿cuál es el plan de Dios con el transgénero o el homosexual?

Salvación.

Y en el camino de Cristo, la salvación comienza con la amistad. Desde que fui ordenado como pastor en 2004 he oficiado más de cincuenta bodas. He oficiado las bodas de mis tres mejores amigos, y he hecho ceremonias rápidas porque alguien se preñó. He hecho bodas en las que me pidieron que no usara el nombre de Jesús, y bodas donde me pidieron que predicara el evangelio como si estuviéramos en una cruzada de evangelización (con el llamado al altar y la liberación). Serví a cada pareja lo mejor que pude. El día de su boda fue el día de su boda, así que me adapté para darles la experiencia que querían, sin olvidar quién era yo. E hice mi trabajo sin juzgarlos por ser fornicarios, divorciados, mentirosos o baratos (ok, tal vez juzgué un poco).

Sin embargo, después de que la Corte Suprema legalizó el matrimonio entre personas del mismo sexo en los Estados Unidos, tuve que preguntarme, *¿oficiaría yo una boda entre personas del mismo sexo?*

En una opinión histórica, una Corte Suprema dividida dictaminó que los estados no pueden prohibir el matrimonio entre personas del mismo sexo. Establecer un nuevo derecho civil y manejar los derechos del mismo sexo representa una victoria que hasta hace muy poco parecía impensable. Existe la posibilidad de que me meta en problemas con la ley por negarle a una pareja homosexual el derecho a casarse (no es que esté escrito así actualmente), o enfrente reacciones violentas en la iglesia por haber hecho la boda.

Puede ser obvio para ti lo que debería hacer.

Pero tengo algunas reflexiones en ambos lados del debate. Como dijo Carl Medearis,

> Verdad y Gracia. Un buen acto de equilibrio. No hay respuestas estilo pegatina para el parachoques. No hay respuestas fáciles en blanco y negro a preguntas complicadas que involucran a seres humanos reales hechos a la imagen de Dios que están buscando desesperadamente encontrarlo.[2]

El matrimonio gay es ahora la ley de la tierra. ¿Y quién sabe? Tal vez porque no nos estamos acercando con amor, esperanza y gracia a la comunidad LGBTQ, Dios nos los está trayendo. Y ahora que no podemos mantenerlos a una distancia "segura", tendremos que comprometernos.

La historia nos ha enseñado esta lección una y otra vez: las leyes no cambian los corazones de las personas, solo el Espíritu lo hace.

Como pastor cristiano, la decisión de la Corte Suprema podría afectar mi ministerio, mi sustento y mis creencias fundamentales. Otras personas en América estaban celebrando, y aunque no estoy totalmente de acuerdo con la redefinición del matrimonio, lo entiendo. Ya sea que estén correctos o equivocados, negarles a gays y lesbianas el derecho a casarse les hace sentir como yo me sentiría si a un puertorriqueño se le negara el derecho a casarse con una mujer británica, lo cual es mi realidad, y mi derecho.

Además, la mayoría de los ciudadanos estadounidenses están de acuerdo con la decisión de la Corte Suprema, no con la opinión de la iglesia. Y aunque una buena parte del cuerpo de Cristo ha estado luchando con la política, la oración y la acción civil al tratar de invertir la tendencia, nuestra cultura no se ve modificada por las reglas o la moral o la modificación del comportamiento.

Toma amor.

Toma sacrificio. Toma la cruz.

Tal vez podríamos centrarnos en el trabajo real del Evangelio. Ahora que hemos "perdido" esta lucha moral, podemos comenzar a centrarnos en los corazones de los hombres. El dinero que se invirtió en decir "no" al matrimonio entre personas del mismo sexo ahora puede servir para alimentar a los pobres, la adopción y el cuidado de crianza, para cuidar a los ancianos y para recibir las buenas nuevas en todo el mundo. Tal vez esta sea la manera en que Dios redirige nuestra atención, porque seguimos tratando de cambiar la percepción del mundo sobre sí mismo cuando se trata de cambiar la percepción del mundo sobre el amor de Dios y el reino de Dios. Y quiero unirme a Él en eso.

Jesús no predicó: "Arrepiéntete, porque vives en el reino de la oscuridad". Él declaró: *"Arrepentíos, porque el reino de los cielos se ha acercado"*.[3]

Incluso hoy. Probablemente más hoy.

"Pero la ley se introdujo para que el pecado abundase; mas cuando el pecado abundó, sobreabundó la gracia".[4] Parecíamos más interesados en probar cómo es América Cristiana, pero Cristo mismo parecía estar más interesado en demostrar a los ciudadanos de este mundo cuánto nos amó, y por qué se dio a sí mismo por todos. El Único sin pecado nunca se preocupó por

ser visto como el sin pecado. Él estaba más preocupado por ser un amigo para nosotros, los siempre pecadores.

Sí, no tengo que estar de acuerdo con mis amigos homosexuales. En realidad, no estoy de acuerdo con la mayoría de mis amigos en muchas cosas. Diablos, ¡no estoy de acuerdo con mi esposa en muchas cosas! Eso no me ha impedido amarlos, apoyarlos y estar ahí para ellos, incluso cuando estoy en desacuerdo.

¿Alguna vez oficiaré la ceremonia de boda de un amigo homosexual? Probablemente no. Como pastor, defiendo los puntos de vista tradicionales del matrimonio entre un hombre y una mujer. Amo el matrimonio; yo creo en eso; y creo en Aquel que lo estableció. Y mis amigos homosexuales que saben esto de mí me aman a pesar de eso.

¿Alguna vez seré parte de la ceremonia de boda de uno de esos amigos? Probablemente sí. Quiero ser como Jesús, un amigo de pecadores (y estoy seguro de que es amigo de los pecadores, porque es un amigo para mí). Y también estoy seguro de que la boda donde convirtió el agua en vino estaba llena de pecadores que lo necesitaban. *Como tú y yo.*

Quizás, debido a este cambio cultural masivo, podemos dejar de pelear sobre lo que el gobierno hará o no hará con respecto al matrimonio entre personas del mismo sexo. Tal vez ahora podamos involucrar a la comunidad LGBTQ y comenzar a trabajar hacia el honor y la comprensión. Tal vez ahora la iglesia deje de fingir que está ganando y puede volver a ser humilde, servidores nuevamente y amantes de nuevo. Ahora podemos dejar de intentar que el mundo reconozca su pecado, porque lo más hermoso es cuando reconocemos lo nuestro, y Dios está en las cosas bellas.

Mark Galli escribió en *Christianity Today:*

> ¿Qué acciones y actitudes hemos asimilado que contribuyen a que nuestra cultura desestime nuestra ética? Nuestra homofobia ha revelado nuestro miedo y prejuicio. La inconsistencia bíblica, nuestra pasión por erradicar los pecados sexuales mientras estamos relativamente indiferentes al racismo, la gula y otros pecados, nos abre a la acusación de hipocresía. Antes de pasar mucho más tiempo tratando de enderezar el vecindario estadounidense, podríamos tener nuestra propia casa en orden.[5]

Los seguidores de Jesús fueron perseguidos porque sanaron a los enfermos, cuidaron a las viudas, compartieron todas sus posesiones y predicaron el mensaje de Jesús, que es redención para todos y una aberración para las maneras de César. Si seguimos siendo "perseguidos" porque defendemos la frase "Feliz Navidad", o porque decimos "no" a las bodas entre personas del mismo sexo, entonces ¿cuándo vamos a ser perseguidos por amar realmente al mundo, por desafiar sistemas religiosos, y por demostrar el reino de Dios? Ya sabes, el camino del Nuevo Testamento.

La iglesia siempre fue pensada para ser contracultural. Asegurémonos de que estamos siendo contraculturales porque nos estamos alineando con la cultura del cielo, no con la cultura de cualquier tipo de cristianismo que prefiramos.

He visto amor, convicción y revelación increíbles dentro de las prisiones de máxima seguridad. He predicado en escuelas secundarias públicas y he visto cuartos de clases convertidos en centros de reavivamiento. ¿Qué pasa si una boda entre personas del mismo sexo es la siguiente? Podría meterme en problemas por decir que no a una boda entre personas del mismo sexo o, mientras estoy allí, podría presenciar la mano de Dios moviéndose, con sanidad, señales y prodigios, donde los corazones de los padres regresan a sus hijos y los corazones de los niños vuelven a sus padres. No lo sé. Nunca lo he visto. Tal vez es hora de probar. Tal vez.

Sí, estoy confundido. Sí, estoy tratando de navegar la gracia y la verdad. Sí, no tengo idea de lo que vendrá después. Pero una cosa que sé con certeza es esta: Dios está a cargo y Él es muy, muy bueno. Sé que esta conversación crea un equilibrio imposible. Pero tendremos que resolverlo. Y elijo comenzar con los pasos más sencillos (más cristianos): el perdón y la bendición.

A la comunidad LGBTQ le digo: "Lo siento por el odio, el vicio y el rechazo". Hay millones de nosotros cristianos que les amamos y creemos lo mejor de Dios para ustedes. Puede que no estemos cara a cara, pero prometemos amarlos como Jesús les ama. Ayúdennos a entender.

Con la iglesia oro: "Bendecimos a la Corte Suprema, bendecimos al presidente y bendecimos a todos nuestros amigos homosexuales. Bendecimos a las iglesias que se opondrán a los derechos del mismo sexo y a los que lo defenderán".

Y, sobre todo, "te bendigo, Jesús, porque pagaste el precio para que formemos parte de tu familia".

Si la agenda homosexual ha prevalecido hoy, entonces podría ser la invitación perfecta para que la agenda de la gracia comience mañana. Ahorremos la energía del odio y utilicémosla para amor. Aprendamos a hablar con los marginados, a tratar de entender su viaje y hacer nuestra su sanación. El cuarenta y cinco por ciento de los adolescentes transgénero intentan suicidarse. No entiendo su tormento interno, pero no lo están inventando. No quiero juzgarlos.

¿Tú sí?

Notas

1. Burk Parsons, publicación de Twitter, 16 de noviembre de 2016, 7:40 p.m., http // twitter. com / BurkParsons.
2. Carl Madearis, "Los terroristas, bodas gay, y la bandera confederada," Haciendo Jesús Accesible (blog), http://carlmedearis.com/2015/06/terrorists-gay-weddings-and-the-confederado-bandera /.
3. Mateo 4:17.
4. Romanos 5:20.
5. Mark Galli, "Seis cosas que hacer después de la decisión del Tribunal Supremo sobre el matrimonio gay", Christianity Today, 26 de junio de 2015, http://www.christianitytoday. com/ct/2015/june-web-only/6- cosas-para-hacer-después-tribunal-supremo-matrimonio-gay-decisión.html. (Consultado el 29 de marzo de 2017).

21

RIDÍCULO

"La capacidad esbelta del corazón del hombre no puede comprender, y mucho menos expresar, esa profundidad insondable y ardiente celo del amor de Dios hacia nosotros".[1]
—Martin Luther

Tenía tatuajes en toda su cara, algunos representaban un asesinato exitoso y otros representaban haber sido violados en la cárcel. Y él estaba de pie frente a mí, tan cerca que podía contar todos y cada uno de ellos.

En 2012, estaba visitando la ciudad de la eterna primavera, Medellín, Colombia, y predicando en su iglesia más grande. Era el final de un fin de semana de conferencias y había predicado en más de diez sesiones en menos de tres días. Estaba de mal humor y cansado, y listo para comer más plátanos.

Visitar Medellín es uno de los mejores momentos de mi año. La iglesia que me invita, Comunidad Cristiana de Fe, es uno de los lugares más inspiradores del mundo. Tienen miles de personas que asisten a sus múltiples servicios de fin de semana. Tienen un culto ruidoso y apasionado llenando el auditorio, y aún más ruidoso, más colombianos apasionados cantando junto a ellos. No es que sean una mega iglesia, es el hecho de que se sienten como una familia; una familia enorme, amante de la diversión, lista para tomar el mundo para Jesús.

Al final de mi última sesión, después de orar y hablar con cientos de personas, el sicario se me acercó llorando.

Me contó la historia de su vida, cómo el abuso en su hogar lo llevó a encontrar seguridad en una pandilla, y cómo su familia criminal lo convirtió en sicario (asesino) incluso antes de que fuera un hombre. Me dijo que había estado involucrado en más asesinatos de los que podía contar y que los cárteles de la droga querían retenerlo por su precisión y frialdad. Sin embargo, durante todo el fin de semana me había escuchado predicar sobre el amor de Dios y su corazón se estaba derritiendo en el horno de la gracia. En la mayoría de mis sesiones, compartí cómo Jesús vino a revelar al padre de Lucas 15, un padre que corre hacia el hijo pródigo, lo besa, lo abraza, y luego celebra públicamente al hijo pródigo que regresó. Cada vez que predico esta historia, elijo deliberadamente a un hombre de entre la multitud para recrear la escena llena de acción. Le pido que vaya al punto más alejado de cualquier habitación en la que nos encontremos. Entonces grito Lucas 15:20: "*Y levantándose, vino a su padre. Y cuando aún estaba lejos, lo vio su padre, y fue movido a misericordia, y corrió, y se echó sobre su cuello, y le besó*". Luego corro frenéticamente hacia el pródigo que actúa para abrazarlo y besarlo, profusamente.

El asesino que asistió había visto esta recreación en mi último sermón y no había dejado de llorar desde entonces. Pero yo estaba *tan* listo para cenar y volver a la habitación del hotel. Estaba aún más listo para tomar una siesta tarde y disfrutar de las victorias del fin de semana. No estaba listo para lo que sucedió después.

Mientras todavía me contaba la historia de su pasado, lo interrumpí sin preguntar y comencé a besar las lágrimas en su rostro. No tengo idea de qué me pasó, solo tuve que besarlo, y a ellas. Lloró más y más y más, y luego se derrumbó en el suelo. Podría haberse caído para escapar de los besos del predicador puertorriqueño de treinta y un años, pero más que un escape; parecía una rendición.

Entonces, sus dos hijas jóvenes corrieron hacia él mientras yacía en el suelo. Se sentaron a su lado y pusieron sus manos sobre su pecho. Estaban orando cosas hermosas como "Dios, gracias por nuestro *papito*", "Gracias por perdonarlo", "Gracias por su libertad".

Empecé a llorar; me perdí en el momento y me di cuenta de que este asesino había robado esta experiencia a tantas otras personas. Me di cuenta de que los demás no podían llorar con sus hijas debido a sus crímenes. Que no podían asistir a una iglesia y levantar las manos para celebrar el cuidado y la provisión de Dios. Sin embargo, aquí estaba Jesús, engañándome para besar a la representación de lo peor de este hombre, como para decirle sin lugar a dudas, tú estás limpio y estás perdonado.

Durante mucho tiempo me quedé allí, mirando la trinidad de la redención frente a mí. Y allí me volvieron a recordar la ridiculez de la gracia. Jesús murió por los pecados de este hombre. Jesús murió por los pecados de la mujer sorprendida en adulterio. Él murió para que pudieran vivir (a pesar de que habían destruido las vidas de otros). La gracia no solo es ridícula, es injusta, pero de alguna manera el Juez justo hace que funcione. Como dice la Biblia: *"Porque la gracia de Dios se ha manifestado para salvación a todos los hombres"*.[2]

Para ti. Para mí. Para ellos.

Tan (bellamente) injusto.

Notas

1. Citado en Roland H. Bainton, Aquí estoy parado (Nashville: Abingdon Press, 1950), 223.
2. Tito 2:11.

22

LAS PLAGAS DEL ODIO A UNO MISMO

"Fuiste salvo cuando creíste en Jesús, pero fuiste transformado cuando te diste cuenta de que Él creía en ti".[1]
—Kris Vallotton

Nos hemos convertido en expertos en juzgar a los demás porque hemos tenido mucha práctica interna. Es por lo general, en esos momentos de odio hacia nosotros mismos, cuando expresamos el tipo de hostilidad que devalúa y demoniza a los demás.

Las formas de lapidación comienzan en un corazón que se ha convertido en piedra. Y esta es la parte donde te digo que eres amado radicalmente, porque si te olvidas de eso, no hay manera de que puedas amar radicalmente.

A veces las personas que más critican se ven como las personas más seguras. Sin embargo, si miras el fondo y llegas al núcleo de quienes creen que son, su confianza es una fachada que esconde heridas y mentiras. El odio a sí mismas es su verdadera epidemia, y la cura no es el amor propio, sino una revelación del Amante de arriba.

El rey David escribió un conocido salmo que declara una afirmación bien conocida. Dijo esto acerca de sí mismo, mientras hablaba con el Dios del universo: *"Porque tú formaste mis entrañas; Tú me hiciste en el vientre de mi madre. Te alabaré; porque formidables, maravillosas son tus obras; Estoy maravillado, Y mi alma lo sabe muy bien.".*[2]

El primer punto de este salmo es que Dios es un Creador y Padre tan fenomenal, y que te hizo extravagantemente maravilloso, distinguido, encantador, exquisito, magnífico, sublime y misterioso (y los adjetivos adicionales se agregaron porque tu asombro, tu gloria, y tu belleza los requerían).

El segundo punto es que el salmista lo sabía como un hecho, y aceptó estos hechos como la verdad. "*Maravillosas son tus obras*", es decir, "¡Yo!" "*Mi alma lo sabe muy bien*", es decir, "estoy tan seguro de mi asombro que estoy escribiendo una canción sobre eso".

Este gigante asesino convertido en monarca era un hombre quebrantado que conocía el rechazo. Estaba familiarizado con el fracaso y la pérdida. Sí, David era consciente de lo malo y lo feo de su vida, pero aún sabía al nivel del alma que importaba y que era amado.

Amarse a uno mismo parece contradecir la esencia misma de este libro, y Dios sabe que necesitamos menos libros / predicaciones / conferencias sobre el amor propio y más libros / predicación / conferencias sobre el servicio a los demás. Pero actualmente vivimos en la generación más deprimida de toda la historia de la humanidad. Más adolescentes se están suicidando que en cualquier otro momento. Es posible que el egoísmo y la incapacidad para desarrollar relaciones significativas tengan mucho que ver con eso, pero no podemos olvidar el poder de las palabras. La vida y la muerte están en la lengua;[3] y la lengua de Dios está llena de vida para nosotros.

Estamos invitados a ser conscientes de nosotros mismos, no autocríticos; estamos llamados a la introspección, no al intro-rechazo, porque la esperanza del Padre es para nuestro futuro. El mismo Espíritu de Dios nos ha hecho su templo. Jesús no solo nos ama, sino que cree en nosotros y permanece con nosotros, y las personas necesitan saber eso.

Especialmente tú, mi amigo.

Para los que pretenden tenerlo todo resuelto y para los que saben que no es así, estos próximos cinco segundos son para ti. Di esto en voz alta: "*Maravillosas son tus obras*", es decir, yo.

"Mi alma lo sabe muy bien", es decir, dejaré de apedrearme a mí mismo y creeré lo que el Padre me dice. *Selah.*

Notas

1. Kris Vallotton, publicación de Twitter, 12 de diciembre de 2016, 9:00 a.m., http://twitter.com/ kyministries.
2. Salmo 139: 13-14.
3. Ver Proverbios 18:21.

23

UNA VEZ MÁS

"La libertad fluye de saber que tu pizarra está limpia, tu Dios la aprueba y la lucha por la aceptación ha terminado".[1]
—Tullian Tchividjian

La repetición ayuda. Y en este asunto tan importante, la repetición es indispensable. Así que quédate conmigo, porque tengo que decirte una vez más que eres majestuoso; creado en belleza y maravilla y rebosante de la esencia del cielo. Debo recordarte que importas, que tu voz y tus deseos son un regalo, no una carga. Y debo dirigirme a ti (con todo el estilo pentecostal) para declarar: "¡El diablo es un mentiroso!" Y lo que sea que te esté diciendo es una fabricación que merece negarse.

Lo principal que intenta hacer el enemigo es acusarte, condenarte y servirte de padre. Su voz es como la de un líder religioso: legalista, ligeramente bíblico y atrevidamente convincente. Su objetivo principal es corromper el nombre que Dios te ha dado, y hacerte cuestionar la sinceridad del cuidado de Dios.

Pero hay otra voz hablando. Puedes escucharlo en lo profundo de tus entrañas. Es la misma voz que te inició, que cantó tus huellas dactilares para crearlas, y que aún cuenta los pelos de tu cabeza. Es amor Él mismo, y en la presencia de acusación, Él habla de nuevo.

En realidad, ¡Él grita! Ruidosamente.

Sinceramente.

Ahora mismo.

"*¡Estoy orgulloso de ti y te amo!*"

Es tu turno ahora, niño. Despierta con el aroma de la gracia. Este mismo momento es la mañana en que las misericordias de Dios son nuevas; para ti, para esta temporada y para toda la vida. Ni siquiera estoy tratando de hacerte sentir mejor... Estoy predicando la verdad del Evangelio. Este es el mensaje que Jesús vino a predicar; esta es una buena noticia para los desolados, para los que han sido engañados. Eres la mujer atrapada en el acto de adulterio... y aquí viene el Mesías para salvarte de la lapidación.

Aquí está Dios, encontrando tu deslumbrante angustia con tenacidad vivificante, encontrando las fallas en ti con la deliciosa bondad en Él, fusionando tu triste historia en su futuro glorioso, y probando una vez más que Él es un maestro de la redención y la bondad. El Hijo, Jesús, que ahora es tu hermano, se acerca a ti para mostrarte que el Padre viene, ha venido y seguirá viniendo. Y en el futuro, Él te consolará como una madre. Estás incluido en la familia de todas las familias, la familia donde las fiestas no tienen nada que ver con los logros y todo que ver con la pertenencia: el lugar donde te alimentan, te arrullan, te cargan y te celebran.

Aquí es donde te digo por última vez que eres majestuoso. Y como realeza, puedes hacer que el decreto excomulgue los engaños y el miedo que te mantienen arrastrándote por el lodo de la desesperación. Puedes invocar a los cielos y dar la bienvenida al reino de Dios en tu tierra, y puedes elevar tu voz con valentía para decir: "¡Cállate, vergüenza! Yo pertenezco al honor. Soy majestuoso. Y cuando Cristo Jesús me pregunta, '¿Dónde están ellos? ¿En una te han condenado? Le responderé, mientras pienso en ti, 'Nadie, Señor'"."Ninguno."Ahora, respira profundo y lee este versículo de Juan, que nos ayudará a pasar al siguiente capítulo:

> *En esto se mostró el amor de Dios para con nosotros, en que Dios envió a su Hijo unigénito al mundo, para que vivamos por él. En esto consiste el amor: no en que nosotros hayamos amado a Dios, sino en que*

él nos amó a nosotros, y envió a su Hijo en propiciación por nuestros pecados.[2]

Notas

1. Tullian Tchividjian, publicación de Twitter, 21 de abril de 2015, 12:17 p.m., http://twitter.com/ TullianT.
2. 1 Juan 4: 9-11.

24

LO QUE NECESITES HACER

"La compasión constituye una forma radical de crítica, ya que anuncia que el daño debe tomarse en serio, que el daño no debe ser aceptado como normal y natural, sino que es una condición anormal e inaceptable para la humanidad".[1]
—Walter Brueggemann

Una vida libre de lapidación comienza con la boca. Una boca libre de piedras comienza en el corazón. Y un corazón libre de lapidación comienza en el pasado. Me veo obligado a preguntarte, ¿qué pasó? ¿Quién te lastimó tanto que ahora tu corazón asume lo peor de los demás? ¿Quién rompió tu confianza y robó tu perspectiva alentadora?

Para mí, fue una combinación de trauma infantil, enojo desatendido y una teología que fue corrompida por el odio a uno mismo. Ya has leído sobre cómo se manifestó (y hubo muchas más cosas que no encontraron su camino en estas páginas). Una combinación de pecados visibles más ocultos creó una bomba atómica que necesitaba ser desactivada. Así que tuve que aceptar completamente que había cosas en mí que necesitaban ser atendidas antes de explotar y destruir las cosas que más importaban.

Como James Baldwin escribió brillantemente, "Imagino que una de las razones por las cuales las personas se aferran a sus odios tan obstinadamente es porque sienten que, una vez que el odio desaparece, se verán obligados a lidiar con el dolor".[2]

Los pastores no están destinados a recibir terapia, mientras que los pastores necesitan realmente terapia. Solía vivir según la declaración número uno, que es probablemente la razón por la que terminé viviendo la declaración número dos.

Permíteme comenzar diciendo que todavía soy pastor, sigo creyendo en el poder absoluto de Jesús para sanar el corazón, y sigo siendo un gran defensor de la orientación y el ministerio de la iglesia. Pero me siento obligado a levantar la voz y decir: "La terapia no es demoníaca; tomar antidepresivos no es un pecado; ver a un psiquiatra no es anticristiano; y aquellos que sufren problemas de salud mental no son un fracaso".

El Señor sabe que necesitamos más apertura en nuestras congregaciones porque (y esto es un hecho) el 50 por ciento de los adultos desarrollarán depresión, trastorno de estrés postraumático, ansiedad, comportamiento autodestructivo, desórdenes alimentarios, trastorno bipolar, esquizofrenia, trastorno límite de la personalidad o alguna otra enfermedad mental.

La mitad de las personas que leen este capítulo ya lo han hecho, y por el bien de nuestra familia, amigos y líderes de la iglesia, debemos romper la vergüenza. Jesús es la esperanza para todas y cada una de nuestras necesidades. Él es el hacedor de milagros que sanó "*toda enfermedad y toda dolencia*".[3] Y cuando Jesús sanó al leproso, al endemoniado o al quebrantado, nunca los culpó por su condición. Jesús no es un líder religioso que nos condena si buscamos ayuda. Jesús es el Sumo Sacerdote que comprende nuestras debilidades.

«Es tal la angustia que me invade que me siento morir —les dijo—. Quédense aquí y vigilen». Sí, eso fue Jesús hablando de sí mismo en Marcos 14:34 (NVI). Él sabe cómo se siente.

Hablar de la enfermedad mental de una persona como si fuera el resultado de un pecado, una maldición o posesión demoníaca es estigmatizar aún más, avergonzar y aislar a aquellos que están luchando. Estás arrojando piedras a las personas que necesitan comprensión y una mano amiga. Sí, es posible que el pecado, las maldiciones y los demonios sean parte del problema, pero debemos enfocarnos en la persona y admitir que no tenemos todas las herramientas o todas las respuestas para las diferentes situaciones que requieren atención.

La iglesia es el lugar al que muchos acuden cuando están en crisis. No podemos seguir rechazando a los más vulnerables entre nosotros.

Tenemos que aprender a abordar y relacionarnos con sus necesidades específicas. Como escribió Brandon Peach.

> La mayoría de las iglesias probablemente tengan las mejores intenciones cuando se trata de problemas mentales. Como el resto de la sociedad, sin embargo, la iglesia puede malinterpretar estas condiciones clínicas y responder a ellas de formas que las exacerban, y como resultado, desmoralizan a los que sufren. Cristo, el Gran Médico, vino a sanar a los enfermos. Como su cuerpo, es hora de que la iglesia lidere a la sociedad para ayudar a hacer lo mismo.[4]

Escribo este capítulo no como pastor, médico o consejero capacitado... Abordo este tema principalmente como un paciente pasado.

Hace unos años, necesitaba visitar a un psiquiatra para hablar sobre mi depresión. Fue la primera vez en mi vida que realmente me sentí impotente, totalmente desmotivado, y estaba de acuerdo con la idea del suicidio. Poder hablar con un profesional que podía diagnosticarme específicamente y recomendar un tratamiento fue liberador. En realidad, en ese momento, fue lo más piadoso que pude hacer.

Sin embargo, también necesitaba amigos que me escucharan. Necesitaba que mis líderes oraran. Necesitaba la Palabra de Dios y su aliento, y en ciertos momentos, solo necesitaba ignorarlo todo y enfocarme en las cosas que amaba hacer.

Hay demasiadas familias en nuestras comunidades que luchan contra las adicciones, la depresión y todo tipo de comportamiento abusivo. Lo sé porque ese era nuestro caso. Y en medio de eso, la oración fue grandiosa, pero no fue suficiente. Parece una herejía simplemente escribirlo, pero es necesario que hablemos de eso.

Pasé ocho meses con un consejero profesional que me enseñó cómo manejar mi ira, mejorar mi estado de ánimo y tomar posesión de mi situación. Me dio libros para leer, me entrenó con técnicas de relajación y nos vio a Catherine y a mí juntos como guía para el matrimonio. Usó tratamientos específicos basados en la evidencia para tratar mis afecciones, y usó terapia cognitivo-conductual (cosas que nunca hubiera considerado antes), todo porque después de muchos años en el ministerio a tiempo completo, y después de diez años de comportamiento terrible como esposo, necesitaba ayuda profesional.

Yo estaba tan avergonzado de compartir esto, pero ahora celebro adonde Dios me ha llevado individualmente y a dónde nos ha llevado como pareja. Y estoy tan contento de no haber bajado solo para orar o arrepentirme solo una vez, sino que de hecho invertí dinero y tiempo con un profesional de la salud.

No fue perfecto. Algunas veces consideré golpear a mi terapeuta (*¡Hola, Dolan! Te amo, hermano*). Pero después de meses de sesiones semanales, estoy absolutamente convencido de que Dios me llevó allí.

He escuchado historias de personas sanándose en un momento. Sucedió en mi propia vida en otras circunstancias, y oro eso para todos nosotros, pero la realidad para la mayoría es que las heridas y el rechazo del pasado, combinados con la enfermedad real de la mente, requieren más tiempo, más cuidado, y más atención. Comienza con los pastores que reciben ayuda cuando es necesario y continúa con la iglesia como un todo que faculta a las personas para que hagan lo que sea necesario para mejorarse. Exige conversaciones abiertas con aquellos que lo han superado, y con aquellos que todavía están luchando.

Termina con que nos preocupemos más por las personas (y su salud) que por nuestras opiniones limitadas y la teología que obstaculiza. La mentalidad religiosa quiere controlar cómo sanan las personas. Quiere determinar las reglas de participación para todos los escenarios y situaciones. Pero la madurez espiritual se demuestra por un aumento en la comprensión de la ayuda y la gracia que se necesita, y el corazón de Cristo es para sanar a los quebrantados de corazón.

Tal vez eres el corazón roto en este escenario. Si es así, *¿puedo animarte a pedir ayuda?* Y si hace falta visitar a un médico de verdad para que te ayude con tu situación, entonces sé con certeza que Jesús estará tomándote de la mano todo el tiempo. Él lo hizo por mí. Jesús es la esperanza para todos los que luchan contra la enfermedad mental y la esperanza para las iglesias que la ignoran.

Puede ser un buen momento para dejar de fingir y comenzar a atender esta necesidad real.

Por mi bien. Y el tuyo.

Notas

1. Walter Brueggemann, The Prophetic Imagination (Minneapolis, MN: Fortress Press, 2001), 88.
2. James Baldwin, Notas de un hijo nativo (Boston: Beacon Press, 1984), 101.
3. Mateo 9:35.
4. Brandon W. Peach, "5 cosas que los cristianos deben saber sobre la depresión y la ansiedad", Revista relevante, 20 de febrero de 2014, http://archives.relevantmagazine.com/god/church/5-things-christians-should-know -sobre-depresión-y-ansiedad. (Consultado el 29 de marzo de 2017).

25

¿QUÉ SOBRE LA JUSTICIA?

"Hacer 'justicia' significa rendir a cada uno lo que cada uno debe. La justicia implica armonía, prosperidad e imparcialidad, y se basa en la imagen de Dios en cada persona, el Imago Dei, que otorga a todas las personas una dignidad inalienable y un valor infinito".[1]
—Ken Wytsma

Salvar a la mujer adúltera de ser brutalmente asesinada fue un acto de justicia por parte de Jesús. Sabemos que para los "especialistas en Dios" habría sido lícito desfigurarla hasta la muerte, pero para Dios fue impío. La mujer atrapada en el acto de adulterio fue el *Imago Dei,* la imagen de Dios en la tierra, creada a su semejanza, diseñada para la herencia y digna de justicia. Como todo el mundo.

El 100% de las mujeres de color fueron creadas a la imagen de Dios. El 100% de los musulmanes radicales fueron creados a la imagen de Dios. El 100% de los inmigrantes indocumentados fueron creados a la imagen de Dios. Todo el 100% de ti fue creado como Imago Dei.

El libro del profeta Amós fue escrito mientras el reino de Israel se convertía en una nación próspera bajo el rey Jeroboam II. Estaban experimentando la paz como una nación, un gran prestigio social y habían logrado poder militar. Pero los pobres sufrían como los perros, los extranjeros experimentaban opresión, y las viudas y los huérfanos morían desatendidos.

¿Eso hace sonar las campanas? ¡Bueno, ten cuidado! ¡Aquí viene el profeta! No soporto tus reuniones religiosas.

Estoy harto de tus conferencias y convenciones.

No quiero tener nada que ver con tus proyectos religiosos, tus presuntuosos sueños y metas. Estoy harto de tus proyectos de recaudación de fondos, tus relaciones públicas y tu imagen.

He tenido todo lo que puedo tomar de tu ruidosa música del ego. ¿Cuándo fue la última vez que me cantó? ¿Tú sabes qué quiero? Quiero océanos de justicia. Quiero justicia, océanos de ella. Eso es lo que quiero. Eso es todo lo que quiero.

Como el alcohol en una herida, el vidente habló las palabras de Dios al pueblo de Dios, por el bien de Dios. Este pasaje es Amós 5: 21-24, y estoy usando la traducción de *The Message*, que se parece mucho a Mateo 23. Pero ¿puedes oír la pasión en la voz del Padre cuando pregunta: sabes lo que quiero? ¿Y puedes sentir la sinceridad en su voz cuando responde a tus propias preguntas con las palabras *justicia* y *equidad*?

Yo sí. Y necesito más de su pasión y compromiso con eso, mucho más. Verás, la mayoría de nosotros puede manejar la injusticia. La vemos en las noticias, nos encogemos un poco, tal vez incluimos una oración y luego la dejamos pasar. Somos muy buenos fingiendo que nos preocupamos por algo que es injusto (y las redes sociales nos han dado una plataforma para ser maestros de eso). Vemos racismo y tuiteamos al respecto. Vemos la guerra y comentamos al respecto. Vemos hambre y compartimos el sitio web de World Vision (a veces sin realmente registrarnos para un patrocinio). Y sé que las redes sociales son un buen primer paso para la toma de conciencia y la acción, pero no dejes que te engañen como para sentirte justo.

Es por eso que Dios resalta el verdadero problema para nosotros: la justicia. La justicia exige que hagamos algo, y eso es precisamente lo que Él quiere, fluyendo "como las aguas, y la justicia como impetuoso arroyo".[2]

Ahora, en la Biblia hay dos aspectos de la justicia que están claramente definidos. El primero se llama justicia punitiva. Funciona así: ojo por ojo.

Lo que me quitaste, puedo quitarte. Es justo y suficiente, y en un nivel central todos filtramos la vida a través de él. Además, la mayoría de los gobiernos mundiales, los manuales para los empleados y los cursos sobre crianza de los hijos se rigen por él.

Matas, te matan.

Robas, pagas con efectivo, tiempo o trabajo.

Eres infiel a tus votos matrimoniales, pierdes la mitad de lo que tienes.

Esta justicia impulsada por el castigo crea una sensación de temor, de analizar las consecuencias y de tomar decisiones basadas en lo que le sucederá al individuo si se le encuentra culpable. Mi mamá solía llamarlo, *el temor del Señor.*

Pero hay otro aspecto de la justicia que está en el corazón de más de la mitad de los versículos de las Escrituras en los que se usan las palabras *justicia* o *equidad*. Es precisamente de lo que Dios está hablando en Amós 5. Se llama *justicia restauradora*, y este es el tipo de equidad que ve a todos, tanto el abusador como el abusado, como merecedores de misericordia, como verdaderamente Imago Dei.

Varias veces al año, puedo presenciar esto en todo su esplendor. Nuestra familia de la iglesia se ha conectado con un ministerio llamado Proverbios 22: 6. Su único propósito es reunir a los padres (que están en la cárcel) junto con sus hijos (que son los más propensos a ir a prisión después). En 2016, tuvimos dos eventos dentro de la Prisión Central en el centro de Raleigh. El primer evento que hicimos fue llamado "Perdóname, querido". Acompañamos a más de quince niños a un establecimiento de máxima seguridad para que pudieran pasar un día con sus padres. Algunos de los niños nunca habían conocido a sus padres antes; algunos solo los habían visto a través de un cristal y les habían hablado a través de teléfonos sucios en la prisión, y la mayoría nunca había sido abrazada por su padre.

Los voluntarios de nuestra iglesia habían pasado meses antes de preparar a los padres sobre cómo conectarse con sus pequeños. Ellos les estaban enseñando cómo pedir perdón, cómo sostener las manos de sus hijos y cómo mirarlos a los ojos mientras hablaban con ellos. Incluso hubo un poco de entrenamiento básico en el lavado de los pies. La razón por la que trajimos a estos niños a través de cinco niveles de seguridad e inspección fue para el momento más profundo de reconciliación, y eso es precisamente lo que hicimos. Pasamos más de seis horas creando espacio para que los niños entre las edades de dos y quince pudieran ser amados por sus padres condenados. La sala de la prisión se convirtió en el templo del Dios más santo, y en su presencia fluyeron ríos de justicia.

En el primer capítulo, te dije acerca de ir a prisión, predicar el evangelio y tener una reunión increíble con un fruto sorprendente. Pero lo que Proverbios 22: 6 está haciendo (junto con nuestra familia de la iglesia) es producir frutos que durarán por generaciones venideras. Los niños cuyos padres están en prisión tienen tres veces más probabilidades de terminar ellos mismos en la cárcel. La motivación para estas reuniones es destruir esa tendencia.

Cyril Prabuh, quien comenzó y lidera Proverbios 22: 6, ahora tiene fondos para otorgar becas universitarias completas a muchos de los niños que terminan el programa. Incluso la compañía de calzado Sketchers donó miles de zapatillas de deporte para que al final del primer encuentro, justo después de que el padre había secado los dedos de su querido hijo o hija, literalmente se pusieran zapatos nuevos, lo que significa que ahora estaban dirigiéndose en una dirección diferente. Proverbios 22: 6 está haciendo esto en todos los Estados Unidos y han sido tan increíblemente exitosos que las cárceles donde comenzaron en Carolina del Sur informan una reducción significativa de crimen y reincidencia.

Esta es la justicia restaurativa, donde tanto el opresor como el oprimido (el padre que cometió el crimen y los niños inocentes que no tuvieron nada que ver con esto) pueden caminar en la redención de Cristo. Esta es la corriente por la cual Dios está sediento.

Cuando la Biblia habla de justicia, yo solía imaginar a un anciano blanco con una larga barba blanca en un gran trono blanco, enojado y listo para destruir. Una figura de tipo Zeus cuyas poderosas pestañas consumirían a todos los que violaran la ley. Un perfecto fariseo que nos destruye con piedras piadosas.

La magnífica noticia para ti y para mí, para esos niños y esos padres, es que el Padre justo es exactamente como su humilde Hijo. Y si hemos visto al Hijo, entonces hemos visto al Padre.

Él es el Hijo que detuvo la ejecución de la lapidación. Y lo hizo porque eso es lo que vio hacer al "anciano blanco en el trono". Lo hizo porque la Deidad está más interesada en restaurar a la humanidad que en castigar a los humanos. Lo hizo porque el Espíritu Santo lo capacitó para predicar buenas nuevas a los pobres, para sanar a los quebrantados de corazón, para poner en libertad a los cautivos, para abrir los ojos de los ciegos y para declarar el año del favor del Señor. Esta es su declaración de misión. Confirmado y aprobado. ¡Visión proyectada!

Jesús, tomando prestadas las palabras del profeta Isaías, articuló claramente su tarea en Lucas 4. Esta fue la razón por la cual la santa paloma descendió sobre él. No fue para impresionarnos con llamativos milagros o sermones optimistas. El Espíritu Santo vino sobre el Hijo santo para capacitarlo con este santo propósito.

Me gustaría invitarte a hacer tuyo esto. Según Jesús, "*Como me envió el Padre, así también yo os envío.*"[3] Eso significa que tienes permiso, aquí mismo, en *Suelta las piedras*, para hacer tu declaración de misión, la tuya.

Dilo en voz alta, sobre ti mismo.

El Espíritu del Señor está sobre mí, Por cuanto me ha ungido para dar buenas nuevas a los pobres; Me ha enviado a sanar a los quebrantados de corazón; A pregonar libertad a los cautivos, Y vista a los ciegos; A poner en libertad a los oprimidos; A predicar el año agradable del Señor.[4]

Estoy de acuerdo con Jesús. Y estoy de acuerdo contigo.

Notas

1. Ken Wytsma, persiguiendo la justicia: el llamado a amar y morir por cosas más grandes (Nashville, TN: Thomas Nelson, 2013), 9.
2. Amós 5:24.
3. Juan 20:21.
4. Lucas 4: 18-19.

26

FIESTA DE OVEJAS

"El Dios viviente es un Dios de justicia y misericordia y se contentará con nada menos que un pueblo en el que su justicia y misericordia estén vivas".
—atribuido a Leslie Newbigin

Este capítulo puede dar un poco de miedo al comienzo, pero te prometo que termina en una fiesta. Ten paciencia conmigo.En Mateo 25, Jesús comparte una de las revelaciones más directas de lo que sucederá al final. Él dice:

> *»Cuando el Hijo del hombre venga en su gloria, con todos sus ángeles, se sentará en su trono glorioso. Todas las naciones se reunirán delante de él, y él separará a unos de otros, como separa el pastor las ovejas de las cabras...*[1]

Continúa explicando que las ovejas irán a la derecha y las cabras irán a la izquierda; y cómo se determinará eso en base a acciones específicas tomadas con personas específicas.

No estoy aquí para discutir si la redención (o al menos la ubicación en el reino) se determinará al hacer cualquiera de estas acciones. *Yo creo en la salvación solo por la fe.* Pero estoy aquí para recordarnos las distintas demandas que Jesús nos dejó a nosotras las ovejas.

> *"Entonces dirá el Rey a los que estén a su derecha: "Vengan ustedes, a quienes mi Padre ha bendecido; reciban su herencia, el reino preparado para ustedes desde la creación del mundo. Porque tuve hambre, y ustedes me dieron de comer; tuve sed, y me dieron de beber; fui forastero, y me dieron alojamiento; necesité ropa, y me vistieron; estuve enfermo, y me atendieron; estuve en la cárcel, y me visitaron".*[2]

Muy específico.

Comida para los hambrientos. Agua para los sedientos. Bienvenida para el extraño. Vestir a los pobres. Cuidar los enfermos Visitar al prisionero.

> *"Y le contestarán los justos: "Señor, ¿cuándo te vimos hambriento y te alimentamos, o sediento y te dimos de beber? ¿Cuándo te vimos como forastero y te dimos alojamiento, o necesitado de ropa y te vestimos? ¿Cuándo te vimos enfermo o en la cárcel y te visitamos?" El Rey les responderá: "Les aseguro que todo lo que hicieron por uno de mis hermanos, aun por el más pequeño, lo hicieron por mí".*[3]

En el corazón de cada creyente, hay un anhelo de adorar a Jesús. Y sé que ese es el caso contigo. Bueno, Él hizo un camino para que lo toques, lo ames, lo vista, lo alimentes, lo visites, lo cuides y le ministres diariamente. Y como a David Ruis le gusta decir: "La fragancia de la adoración es justicia".[4]

Una de las definiciones para la palabra adoración en el Nuevo Testamento es acercarse lo suficiente como para besarse. Y realmente podemos estar así de tan cercanos a Jesús cuando atendemos a los más pequeños. Lo que hacemos por ellos, lo hacemos por Él.

Literalmente, no figurativamente.

Ahora, debido a la compasión que Jesús manifestó a los desamparados, debido a la simplicidad de su mensaje y al hecho de que podías irte de su conferencia de tres días con una canasta llena de pan y pescado, la mayoría del grupo demográfico que siguió a Jesús eran los pobres y necesitados.

El Nuevo Testamento toma nota de aquellos que eran ricos como los fariseos, que proveyeron una tumba, o las mujeres ricas que dieron las finanzas para su ministerio, no porque fueran más importantes, sino porque eran la minoría.

Esto continuó siendo el caso en el libro de Hechos. Pedro declaró en su primer milagro: *"No tengo plata ni oro —declaró Pedro—, pero lo que tengo te doy. En el nombre de Jesucristo de Nazaret, ¡levántate y anda!"*[5] Ese fue el estilo: da lo que tienes. Entonces las viudas fueron atendidas, los huérfanos encontraron un hogar, los enfermos fueron sanados por las sombras, y nadie pasó hambre.

Cuando Pablo estaba a punto de comenzar su ministerio que sacudió al mundo, sus líderes le dieron un aliento directo. No fue para predicar bíblicamente o comenzar iglesias exitosas. Por encima de todo, le pidieron que *recordara a los pobres*. Y Pablo respondió, diciendo: *"lo cual también procuré con diligencia hacer"*.[6]

Entonces Santiago, el hijo de María y el medio hermano de Jesús, escribió lo que se considera el primer libro del Nuevo Testamento. Es una exhortación a la iglesia judía, de la cual Santiago fue el pastor principal. En él dice:

> *Supongamos que un hermano o hermana no tiene ropa y comida diaria. Si uno de ustedes les dice: "Supongamos que un hermano o una hermana no tiene con qué vestirse y carece del alimento diario, y uno de ustedes le dice: «Que le vaya bien; abríguese y coma hasta saciarse», pero no le da lo necesario para el cuerpo. ¿De qué servirá eso? Así también la fe por sí sola, si no tiene obras, está muerta".*[7]

¡Muerto!

Desde los primeros días del cristianismo ya existía una separación entre los empobrecidos y los ricos, que necesitaba ser corregida. Ten en cuenta que esta carta fue escrita a los cristianos que fueron dispersados debido a la persecución. Santiago ni siquiera está escribiendo a personas que se encuentran en una cómoda situación de vida. Aun así, el audaz predicador habla enérgicamente en contra del favoritismo (lo llama un pecado) y alienta a la iglesia a cuidar de los pobres. *¡Porque sabes que la fe sin acción está muerta!*

Nuevamente, nuestra salvación no depende de nuestras obras. En el momento final de toda una vida dedicada al pecado y al egoísmo, un hombre puede encontrar la redención y sentarse contigo y conmigo en la mesa de banquetes para siempre.

Sin embargo, y sé que pueden estar de acuerdo conmigo, en los días que compartimos el evangelio, en los tiempos que damos extravagantemente a los pobres, cuando manifestamos la justicia de Dios, cuando defendemos a los débiles, esos son los días en que vamos a la cama sintiéndonos más vivos.

Allí, disfrutamos del placer de Dios. El mismo placer diario que el Hijo sintió al ser obediente al Padre (y estar rodeado de los desventajados). Creo que es posible seguir a Jesús por nuestro propio bien, pero no por los demás. Nuestras almas pueden ser salvadas, pero nuestras vidas serán desperdiciadas. Y qué triste desperdicio sería.

Amar y vivir la justicia es posiblemente lo más emocionante que hay. Es una aventura incomparable, ¡y Dios nos está invitando al duro trabajo del gran jubileo!

¿Recuerdas cómo te conté sobre el evento "Perdóname, querido"? Bueno, en nuestra segunda visita a la prisión con Proverbios 22: 6, el evento se llamó "Celebra". Era alrededor de la temporada festiva, por lo que el personal de la prisión tenía un árbol de Navidad y había guardias que se unieron a nosotros a pesar de que era su día libre. El primer evento fue tan exitoso que agregamos niños y papás adicionales a este próximo. Y fue una fiesta de proporciones épicas.

Ni siquiera estoy tratando de ser lindo; fue probablemente la mejor reunión a la que asistí durante todo el año. Comenzamos con toneladas de juegos. Luego pasamos a un concurso de talentos que los niños habían preparado para sus padres. Hubo rap, hip-hop, baile tipo Drake, comediantes hilarantes (también conocido como yo), y una plétora de actuaciones dulces. Después de eso, tuvimos un baile especial entre los padres y sus hijas. Tocamos la canción clásica "*You Are So Beautiful*" (Eres tan bella) y vimos cómo estos hombres duros se derretían mientras bailaban lentamente con sus bebés. Tomaron tiempo para hablar vida e identidad sobre ellos, y cantaron la canción una y otra vez.

Nuestras mejillas estaban empapadas en lágrimas, pero nuestros corazones se desbordaban de placer.

Luego servimos un delicioso almuerzo de cerdo desmenuzado, pollo frito, ensalada de repollo, frituras de maíz, ensaladas, té dulce, postres y más. El ambiente en la sala estaba tan lleno de felicidad y paz que los guardias y el director se sentaron a comer, al mismo tiempo que los papás y los niños comían juntos en mesas bien decoradas, mientras que nadie protegía las puertas.

Por supuesto, bailamos un poco más. Tocamos la canción clásica "Celebration" de Kool & the Gang, y de hecho seguimos cantando y moviéndonos por el tren del alma, incluso después de que la canción había terminado. *Celebra los buenos tiempos... ¡vamos!*

Tienes que visualizar a estos papás y sus hijos en el centro de una sala de seguridad máxima teniendo la mejor Navidad de sus vidas. Hubo bastones de caramelo, villancicos, más juegos, más baile, se predicó el evangelio y se manifestó el reino de Dios. Terminamos el día guiando a los hombres en la bendición de un Padre sobre sus hijos e hijas. Y fue el día más divertido de 2016.

Mi fe estaba viva ese día. Como maestro de ceremonias y predicador del sermón de cinco minutos, no había nada mejor para mí que estar allí. Y yo hice lo menos de todo. "Celebrar" sucedió debido al esfuerzo hercúleo combinado de los presos, voluntarios, personal remunerado, empleados correccionales y el Señor que hace justicia.

Lee a Lucas 14: 12-14:

Dijo también al que le había convidado: Cuando hagas comida o cena, no llames a tus amigos, ni a tus hermanos, ni a tus parientes, ni a vecinos ricos; no sea que ellos a su vez te vuelvan a convidar, y seas recompensado. Mas cuando hagas banquete, llama a los pobres, los mancos, los cojos y los ciegos; y serás bienaventurado; porque ellos no te pueden recompensar, pero te será recompensado en la resurrección de los justos.

Quizás si intentáramos hacer lo que dijo Jesús, podríamos ver lo que Jesús quiso decir. Entonces, ¿dónde están las prostitutas y drogadictos en tu ciudad? ¿Cuál es el nombre de la instalación correccional de tu ciudad? ¿Quiénes son los hambrientos y los quebrantados en tu comunidad?

Encuéntralos rápido.

Jesús te está esperando allí.

Listo para festejar, y lo suficientemente cerca para besar.

Notas

1. Mateo 25: 31-32 NVI
2. Versículos 34-36 NVI
3. Mateo 25: 37-40 NVI
4. David Ruis, The Justice God Is Seeking (Bloomington, MN: Bethany House, 2006), 18.
5. Hechos 3: 6 NVI
6. Gálatas 2:10.
7. Santiago 2: 15-17 NVI

ACTO 3

EL DIOS

Él pudo sentir la frescura de la mañana en su nariz. El aire que respiraba era el aire que Él había llamado a la existencia, sin embargo, todavía estaba maravillado por la sensación en sus pulmones. Con esperanza, escaneó los colores del amanecer y luego cerró los ojos. Pero en ese momento fugaz, recordó las palabras de la multitud: "¡Tienes un demonio!" Una vez más, Jesús sintió la tentación de abandonar Jerusalén. Los líderes religiosos en la ciudad fueron persistentes con su desaprobación y observaron cada uno de sus movimientos, buscando una oportunidad para apresurar lo inevitable.

"Haz a los demás lo que quieras que te hagan a ti", el Rabino murmuró en voz baja y sonrió de nuevo. Pudo sentir al Padre en Jerusalén, y solo hizo lo que vio hacer al Padre. "Estoy aquí, Abba. Deja que se haga tu voluntad".

Caminó por el sinuoso camino desde el Monte de los Olivos y llegó al templo. Los madrugadores se reunieron rápidamente a su alrededor. Empujaron para sentarse cerca de sus pies por lo que hizo un punto para mirar a cada uno de ellos a los ojos al menos una vez durante su sermón de veinte minutos.

De repente, las sonrisas de las personas se convirtieron en horror cuando una multitud de figuras vestidas de negro se abrieron paso entre la multitud. Una nube de polvo se hinchó cuando todos los presentes rápidamente se pusieron de pie y se apartaron del camino. De pie en el medio estaba un fariseo pequeño temblando de ira, citando la ley y apenas parpadeando.

"¿Qué dices que hacemos?".

Con una mano el hombre apretaba una piedra y con la otra apretaba la muñeca de una dama medio desnuda. Luego, con toda su fuerza, la arrastró más cerca del centro, exponiéndola a la multitud, a los hombres y a Cristo.

Jesús respiró hondo, buscando la esperanza que había encontrado en el atardecer, pero sus pulmones se llenaron de polvo. Podía sentir el miedo que se apoderaba de la mujer, el disgusto que viajaba entre la multitud, la ira que llenaba a los legalistas y una compasión que lo movió al suelo.

Oh sí, recordaba haber estado tan cerca de la tierra antes. Él recordó la inocencia de los primeros creados. Y recordó el amor que lo alejó del trono.

El Mesías comenzó a empujar sus dedos a través de la tierra, mirando dentro del alma de todos en la multitud. Los hombres se pusieron ansiosos, más exigentes; sus aullidos eran casi ensordecedores.

Después de unos minutos, el alboroto se disipó y Jesús se encontró a sí mismo arrodillándose ante una mujer condenada y alguien recordándole lo que decía la ley de Moisés.

"Rabino", dijo otra vez el pequeño hombre enojado, "esta mujer ha sido atrapada en el acto de adulterio. Y sabes que la Ley de Moisés nos ordena apedrear a tales mujeres. Entonces, ¿qué dices que hacemos?"

Jesús susurró para sí mismo otra vez: "No fui enviado al mundo para condenar al mundo, sino para que el mundo pueda ser salvado a través de mí". "Salvado." "A través de mí."

En ese momento, Dios se levantó y dijo a todos los que quedaban: *"Quien esté sin pecado, sea el primero en tirarle una piedra"*.

Los hombres estaban aturdidos, desconcertados y derrotados. Sus cabezas bajaron, y sus ojos notaron las palabras que Jesús había escrito en el suelo. Caifás fue el primero en soltar la piedra de su mano y alejarse. Y a medida que el ritmo crecía, el silencio que se había apoderado del momento se convirtió en un sonido de alabanza glorioso cuando cada roca y piedra golpeaban la tierra. Los fariseos, escribas y maestros de la Ley abandonaron el templo del Dios santo, salvados de sí mismos.

Jesús se inclinó una vez más para escribir algo más y no fue sino hasta que estuvo a solas con la mujer que se levantó y preguntó: "Mujer, ¿dónde están? ¿Nadie te condena?

Ella se paró frente a él vestida de alivio y vestida de salvación. Podía decir por la forma en que lo miraba que había encontrado su verdadero amor.

"Nadie, Señor", respondió, apretando sus ojos acuosos. "Ninguno".

"El Dios, el Señor, el Salvador, dijo: "Ni yo te condeno. Vete y no peques más".

27

DE VUELTA A LO OBVIO

“Así es el reino de Dios: un grupo de marginados y personas raras reunidos en una mesa, no porque sean ricos o valiosos o buenos, sino porque tienen hambre, porque dijeron que sí”.
Y siempre hay espacio para más”.[1]
—Rachel Held Evans

Aquí hay un poco de cristianismo fundamental: ama a los heridos.

Alimenta al hambriento. Predica la resurrección. Repite con alegría (incluso en sufrimiento).

Yo me siento confiado en llamarlo *fundamental* porque fue entregado por la Palabra de Dios encarnada, y Él lo hizo lleno de gracia y verdad.

Brian McLaren puede haberlo expresado mejor cuando escribió:

> *Cuanto más uno respeta a Jesús, más uno debe estar angustiado, avergonzado, furioso o alguna combinación de eso cuando uno considera lo que los cristianos hemos hecho con Jesús. Eso es ciertamente verdadero cuando se trata de llamar a Jesús Señor, algo que nosotros los cristianos hacemos a menudo sin la menor idea de lo que queremos decir. ¿Se ha convertido (me estremezco en preguntar esto) menos nuestro Señor y más nuestra Mascota?*[2]

Me estremezco al preguntarme esto.

Por alguna razón, el evangelio simple ha sido complicado en otra cosa. Ha sido prostituido para beneficio personal, distorsionado por políticas irracionales, y mutado para obtener ganancias y gloria. A su vez, se ha convertido en algo tan conflictivo que en realidad funciona en contra del mismo mensaje que está tratando de proclamar.

¿Recuerdas el juego telefónico? En el que comienzas con un susurro de una línea como "a Jimmy le gusta Abby". Entonces, esa información se comparte exclusivamente con la persona de la derecha, y de un oído curioso al siguiente, las noticias privadas comienzan a adquirir adjetivos. "A Jimmy realmente le gusta Abby" va a la siguiente persona que agrega, "Jimmy ama a Abby como un loco". Al siguiente, "Jimmy y Abby están enamorados"... y así sucesivamente.

Cuando la última persona comparte el primer susurro en voz alta, el original "Jimmy le gusta a Abby" termina sonando como, "Jimmy hizo que Abby quedara embarazada fuera del matrimonio y por alguna razón ambos odian el chocolate".

Bueno, el cristianismo es algo así.

Hemos estado susurrando nuestras versiones de las buenas nuevas. Tenemos diferentes iglesias, en diferentes naciones, formando diferentes denominaciones y compartiendo su versión del evangelio. En poco tiempo, las buenas noticias se volvieron malas.

¡Pero gracias a Dios por Mateo, Marcos, Lucas y Juan! Tenemos que regresar y recuperar la información original. Tenemos la confirmación oficial (enviada por el cielo) del mensaje; las noticias no pueden perderse en la traducción. Y la Biblia es tan clara como el agua: Dios es amor. Jesús es el Salvador. El Espíritu Santo nos lo recordará. Básicamente, "a la Trinidad le gustan Jimmy, Abby y Carlos".

No se requiere interpretación. No hay necesidad de debates teológicos. Este mensaje es simple; ha sido confirmado y validado, *"Porque tanto amó Dios al mundo..."*[3] Desafortunadamente, queremos apegarnos a la versión que hemos creado.

A lo largo de los siglos, los hombres religiosos han ajustado la historia para acomodar su narrativa. Así que el mensaje de la Biblia, y más particularmente, el mensaje del evangelio ha sido susurrado a través de la historia, y el mensaje que escuchamos ahora no suena como el mensaje que se compartió hace dos mil años en Capernaum y Jerusalén. El mensaje de amor, gracia y misericordia se ha transformado trágicamente en un mensaje de ley, juicio y miseria.

Escuché a Bill Johnson decir que "Dios nunca viola su Palabra, pero se siente cómodo al violar nuestra comprensión de su Palabra". Me encanta porque ahí reside el problema: nuestra interpretación de la Palabra, la lente a través de la cual vemos las Escrituras. Comencemos entonces con una declaración simple, una declaración que ancle este intercambio: *Jesucristo es la teología perfecta.*

Permítanme confirmarlo con estas palabras pronunciadas por Jesús mismo: *"El que me ha visto a mí, ha visto al Padre"*.[4]

"A Dios nadie lo ha visto nunca; el Hijo unigénito, que es Dios[[a]] *y que vive en unión íntima con el Padre, nos lo ha dado a conocer"*.[5]

O como dijo Jesús brillantemente, "¡Pero las Escrituras me señalan a mí!"[6]

Creo que la mayoría de nosotros estamos de acuerdo con este concepto. Aceptamos la verdad de quién es Jesús como el Hijo de Dios, pero estamos en desacuerdo con las cosas radicales que dijo (y las cosas escandalosas que hizo). De alguna forma o manera, todos hemos modificado su personalidad para acomodar nuestra visión actual de Él, en lugar de permitir que su presencia y su persona modifiquen nuestra visión actual de todo lo demás.

Usamos su nombre, pero ignoramos sus caminos. Nuestras intenciones son buenas, pero nuestra doctrina es cruel. Sin embargo, Jesús es demasiado perfecto, demasiado real, y también Dios para que no nos humillemos y permitamos que cambie nuestros corazones y nuestras mentes. ¡Él es una teología perfecta y el objetivo de la historia! *Incluso la historia misma.*

El Hijo de Dios es la buena noticia que ofrece buenas noticias, principalmente para personas malas. Entonces, si crees que eres una de las personas buenas, lo extrañarás por completo.

Ahora, de acuerdo con Jesús, hay maneras de que actualmente tengamos acceso a su misma Persona. Hay múltiples revelaciones espirituales de nuestro lugar en Él, nuestra unidad con Él y su unión con nosotros. Sin embargo, por ejemplo, en la historia de Robert y Catherine en el capítulo 4, Jesús es tanto Robert como Catherine. Él es el hambriento que está siendo alimentado, y Él es el adorable que se alimenta.

Él se ha hecho completamente disponible para nosotros, el uno para el otro. Por supuesto, eso no quita el hecho de que Él está gobernando y reinando como el Rey de Reyes y el Señor de Señores a la diestra del Padre. Solo significa que Él está disponible aquí también. Podemos tocarlo, verlo, experimentarlo e incluso olerlo. A veces se parece a Catherine. Y a veces huele a Robert. Pero Él nunca actúa como el egoísta-religioso yo. "*Id, pues, y aprended lo que significa: Misericordia quiero, y no sacrificio. Porque no he venido a llamar a justos, sino a pecadores, al arrepentimiento*".[7]

Estoy de acuerdo con las palabras atrevidas de Dallas Willard:

> *El mayor problema que enfrenta el mundo de hoy, con todas sus necesidades desgarradoras, es si aquellos que, por profesión o por cultura, se identifican como "cristianos", se convertirán en discípulos -estudiantes, aprendices, practicantes- de Jesucristo, aprendiendo constantemente de Él cómo vivir la vida del Reino de los Cielos en cada rincón de la existencia humana.*[8]

Notas

1. Rachel Held Evans, Buscando el domingo: Amar, irse y encontrar la iglesia (Nashville: Thomas Nelson, 2015), 148.
2. Brian D. McLaren, Una Ortodoxia Generosa (Grand Rapids, MI: Zondervan, 2006), 80.
3. Juan 3:16.
4. Juan 14: 9.
5. Juan 1:18 NVI.
6. Juan 5:39 NTV.
7. Mateo 9:13.
8. Dallas Willard, La Gran Omisión: Reclamando las Enseñanzas Esenciales de Jesús sobre el Discipulado (Nueva York: HarperOne, 2014), xv.

28

LA CARNE

"Dios es como Jesús. Dios siempre ha sido como Jesús. Nunca ha habido un tiempo cuando Dios no haya sido como Jesús. No siempre hemos sabido cómo es Dios, pero ahora lo sabemos".[1]
—Brian Zahnd

Sí, Brian, ahora sí. Ahora sabemos que el Creador sobrenatural y eterno de todos es el Jesús humano.

Jesús es Dios. Y cualquier "dios" idea-sospecha-versión-imagen que no es exactamente como Jesús no es Dios en absoluto. El problema con eso es que Jesús se parece a un hombre: un hombre humilde, amable, tierno, dispuesto a morir por la escoria.

Y pensamos que Dios sería más poderoso, más dominante y más hambriento de probarse a sí mismo. Pero luego vino Jesús y estaba más preocupado por sanar a los enfermos, alimentar a los pobres y hacerse amigo de los peores.

Pensamos que los leprosos estaban siendo castigados por Dios bajo la maldición del soberano Señor, pero Dios vino y los tocó, los sanó, los amó y los convirtió en evangelistas.

Pensamos que las celebridades y los políticos eran las personas adecuadas para que Dios las usara, pero Dios se presentó y eligió a los pescadores, los recaudadores de impuestos y las prostitutas. Él los entrenó, creyó en ellos y les mostró un reino superior.

Pensamos que Dios estaba enojado y decepcionado con la humanidad, pero Dios se hizo humano; vivió una vida humana, murió una muerte humana y mantuvo su cuerpo humano.

Encarnación.

Dios se presentó y perdonó los pecados que no deberían ser perdonados. Amaba a los no amados tanto como amaba a los niños. En lugar de destruir a los romanos, terminó sanando a sus siervos. Él se negó a la tentación de usar el poder político para cambiar el mundo. En lugar de ser el Dios que queríamos que fuera, era menos religioso, menos belicoso, menos sectario y menos como yo. En lugar de matar a sus enemigos, murió para hacerlos amigos.

Jürgen Moltmann escribió: "Cuando el Jesús crucificado se llama 'la imagen del Dios invisible', el significado es que este es Dios, y Dios es así".[2]

En la famosa apertura de su Evangelio, el apóstol Juan escribió: "*Y la Palabra se hizo carne, y habitó entre nosotros, y vimos su gloria(la gloria que corresponde al unigénito del Padre), llena de gracia y de verdad*".[3]

La Palabra de Dios, que rebosa de dulzura y veracidad, vino al tabernáculo entre nosotros, y mientras estuvo con nosotros, manifestó en vida lo que se hablaba solo en el Espíritu.

Ahora es tu turno.

Es hora de que *nuestra* teología, *nuestros* credos y *nuestras* creencias, obtengan algo de carne en ellos.

Llenos de gracia y verdad.

Notas

1. Brian Zahnd, "Dios es como Jesús", Brian Zahnd (blog), 11 de agosto de 2011, https: // brianzahnd.com/2011/08/god-is-like-jesus-2/. (Consultado el 26 de marzo de 2017).
2. Jürgen Moltmann, El Dios Crucificado: La Cruz de Cristo como la Fundación y Crítica de la Teología Cristiana (Minneapolis: Fortress Publishers, 1993), 205.
3. Juan 1:14 RVC.

29

LA CARNE TAMBIÉN

"Una vez que la Palabra se ha hecho carne, todos los libros del mundo no pueden hacerle justicia. Solo la carne puede: tu carne, mi carne".[1]
—NORTE. T. Wright

Una vez estaba en Costa Rica en un viaje misionero, y pagamos a las prostitutas su tarifa por hora para que en lugar de ejercer su oficio, vinieran a escuchar sobre el amor de Dios por ellas. Les dimos la bienvenida a una casa segura, les dimos una deliciosa comida y las alentamos con versículos de las Escrituras y oraciones inspiradas.

Pensé que era una idea terrible y una contaminación de los fondos de la misión. También pensé que establecería el precedente equivocado y que las personas siempre esperarían recibir un pago por asistir a este tipo de servicio. Finalmente, pensé que los muchachos de mi equipo serían tentados por las damas de la noche (y pensé esto porque tenía miedo de ser demasiado tentado por las damas de la noche).

Esta parece ser la historia de mi vida, sepan todos. Todo va bien cuando estoy de acuerdo con Dios, pero cambia mi vida cuando no lo hago... y esto puede deberse al hecho de que Él me ama tal como soy, pero me ama demasiado como para dejarme tal como soy.

Has sido advertido.

Después de discutir las opciones para la tarde, el líder del ministerio nos llevó a orar por el proxeneta que controlaba el área. Él tenía realmente un trono construido en el medio de un jardín interior en el centro de San José. Hombres y mujeres, la mitad de ellos niños y niñas, que eran empleados de él, tenían que sentarse a sus pies. No quería oración para él, pero nos llevó a una de sus trabajadoras enfermas que estaba acostada en una cama con una herida abierta masiva causada por un caso de VIH / SIDA no tratado. Recuerdo entrar a la habitación, respirar profundamente y llorar incontrolablemente. Luego, dos tipos de nuestro equipo recogieron a la joven prostituta y la llevaron dos cuadras a un centro de atención urgente. Pagamos un buen dinero para que la aceptaran, y supe en ese momento que invertir en estas personas era dinero (y tiempo) bien empleado.

Volvimos al burdel y pedimos permiso al proxeneta para pagarles a sus empleadas para que vinieran a una habitación pequeña del segundo piso donde pudieran escuchar la voz de Dios y comer una buena comida. Él estuvo de acuerdo, y nos fuimos.

Tenía diecinueve años en ese momento, dirigiendo un equipo de estudiantes de la Escuela de Ministerio en Toronto, Canadá. Junto con otros jóvenes como yo, pasamos toda una tarde quitando nuestros ojos de los pantalones muy cortos y los escotes expuestos, y tratando de amar a cada hombre y mujer como Cristo ama a la iglesia. Vimos muchas lágrimas, muchas oraciones de arrepentimiento y muchas personas que se conectaban con los líderes de la iglesia local. Sí, esa tarde cambió mi perspectiva, pero desearía poder haber hecho más (y deberíamos haber hecho más). El ministerio de Jesús no fue solo un momento de sanación, sino una deconstrucción de los sistemas que causan la enfermedad. He pasado la mayor parte de mi vida cristiana solo tratando de hacer que las personas se vuelvan cristianas. Todo lo que quería era que no se fueran al infierno cuando morían, pero todo el tiempo estaba dispuesto a aceptar el infierno en la tierra que estaban experimentando mientras vivían.

La carne de Dios vino a destruir las obras del diablo; el cuerpo de Cristo está destinado a hacer lo mismo. Necesitamos la salvación, por supuesto, pero somos salvos en su reino tanto como somos salvos del reino de la oscuridad. Y el reino de Dios es justicia, paz y alegría en el Espíritu Santo, no solo para Carlos, sino también para todos los demás.

Nunca pude ver esto antes. Yo quería que Jesús me salvara a mí, pero que los juzgara a *ellos*. Quería que Él tuviera compasión cuando se trataba de mi pecado, pero quería que "les diera una lección" cuando se trataba del suyo. Todos los que me gustaban merecían el Dios del Nuevo Testamento, pero todos los que no me gustaban merecían el Dios del Antiguo Testamento.

En serio, en lo más profundo de mi ser, creo que todavía quiero que Dios odie a las personas que odio. Quiero que para él estén bien las malas acciones que no considero un gran problema. Quiero que Dios vote como yo, suene como yo, y vaya a la misma iglesia a la que voy. Y quiero que Dios sea más latino.

Pero cuando descubro (una y otra vez) que Dios es como Jesús, y que todavía está haciendo "cosas de Jesús", entro en el deleite disponible para aquellos que reclaman a Jesús como su Rey.

N. T. Wright también lo explicó así:

> Esto es realmente aterrador ... no que Jesús pueda ser identificado con un ser remoto, elevado e imaginario, sino que Dios, el Dios real, el único Dios verdadero, en realidad podría parecerse a Jesús ... un astuto aldeano judío palestino que bebió vino con sus amigos, agonizó por la difícil situación de su pueblo, enseñó historias extrañas y aforismos punzantes, y fue ejecutado por las fuerzas de ocupación ... Decir que Jesús es, en cierto sentido, Dios es, por supuesto, hacer una declaración sorprendente sobre Jesús. También es hacer un estupendo reclamo sobre Dios.[2]

Por supuesto, hay muchas cosas que amo sobre Dios el Hijo. Pero también hay muchas cosas que encuentro muy difíciles de aceptar: poner la otra mejilla, perdonar setenta veces siete veces, lavar los pies de las personas, resucitar a los muertos, etc. No son difíciles de aceptar porque no creo en ellos (tengo que hacerlo porque soy pastor y Dios lo dijo). Es más que... soy terrible con ellos. Naturalmente, soy más apto para el fariseísmo, es decir, leo la Biblia, la interpreto a mi gusto, juzgo a los que no están de acuerdo conmigo y me mantengo alejado de mis enemigos.

Sí, tengo un problema con esta versión de Dios que ama tan bien, perdona tanto y quiere que todos sean salvos.[3] Pero Jesús es la única versión legítima que existe. Entonces, con lo que realmente tengo un problema es conmigo.

Dios no cambiar. Supongo que tendré que hacerlo yo.

Supongo que tendremos que hacerlo nosotros.

Notas

1. N. T. Wright, John for Everyone, Parte 2: Capítulos 11-21 (Louisville: Westminster John Knox Press, 2004), 170.
2. N. T. Wright, ¿Quién era Jesús? (Grand Rapids, MI: Wm. B. Eerdmans Publishing Co., 2014), 52.
3. Ver 1 Timoteo 2: 4.

30

TELENOVELA

“Sé como Jesús: pasa suficiente tiempo con los pecadores para arruinar tu reputación con las personas religiosas”.[1]
—Joshua Harris

Cuando los fariseos llamaron a Jesús “un amigo de los pecadores”, intentaban insultarlo. También intentaron llegar a este punto: “¡Se está divirtiendo en su compañía!”

O como Jesús mismo lo explicó: “*Vino el Hijo del hombre, que come y bebe, y dicen: “Este es un glotón y un borracho, amigo de recaudadores de impuestos y de pecadores”. Pero la sabiduría queda demostrada por sus hechos*».[2]

Los maestros de la ley querían que las personas de la tierra entendieran que Jesús no estaba cerca de los pecadores porque tenía una agenda oculta (religiosa). No es como si fuera un agente encubierto, pretendiendo ser algo que no era, para poder cumplir un propósito más sagrado. Él realmente era su amigo.

Comió con la escoria, bebió vino de su misma taza, rió y lloró, discutió y abrazó, y habló sobre teología y política junto a ellos, como solo lo podían hacer verdaderos amigos, y los santos superiores odiaron sus agallas por ello.

Ya ves, la necesidad nos da la oportunidad de convertirnos en una solución, pero la amistad es la forma en que ganamos el derecho a ser escuchados. Las personas vinieron a Jesús porque Él podía sanarlos; Él satisfizo sus necesidades. Pero esas mismas personas escuchaban a Jesús porque se hizo amigo de ellos, y se convirtieron en sus compinches.

La forma más satisfactoria de llegar a las personas con la historia de Dios es cuando también tienen permiso para contarnos con sus historias. Aprendí esto de un hombre que está enamorado de las peores personas. Su nombre es Chris Hoke, y como capellán en cárceles de máxima seguridad, descubrió que el mejor lugar de conexión fue cuando comenzó a compartir sus luchas con los reclusos que estaban luchando más. Su franqueza y despreocupación le permitieron ganarse los corazones de los hombres más duros.

Después de leer su libro, *Wanted* (Buscado), me dijo con una cerveza: "Solo pídales que recen por usted, Carlos". Una sugerencia tan simple, pero una revelación tan poderosa.

Así que lo intenté, y nunca miré hacia atrás.

Cada vez que visito a mis amigos en el centro de la ciudad o predico dentro de prisiones, les pido oración. Desarma la mentira que dice que de alguna manera soy superior, más santo o más conectado con el cielo.

Jesús hizo lo mismo con sus amigos más cercanos. Hizo de los chicos que no eran buenos orando, su equipo principal de intercesión. Se ejemplifica mejor la noche antes de que estuviera a punto de ser crucificado. Él subió al jardín de Getsemaní (el lugar donde se exprimía el aceite de oliva) y en la presión de la pesada noche, Jesús se hizo real con sus palabras. *«Es tal la angustia que me invade que me siento morir —les dijo—. Quédense aquí y vigilen»*".[3]

Como una *telenovela* con lenguaje tenso y expresiones melodramáticas, el Mesías perfecto reveló su humanidad al nivel más básico.

"Tengo ganas de morir, porque me siento terminado." "Me duele el corazón, necesito a mis amigos."

Él se va un poco más lejos de ellos y comienza a orarle a Abba Padre. Él no pretende ser otra cosa que un hombre que necesita a sus amigos, y un hijo que necesita a su papá. Casi desmayándose, Él ora: "*Y decía: Abba, Padre, todas las cosas son posibles para ti; aparta de mí esta copa; mas no lo que yo quiero, sino lo que tú*".[4] Como diciendo: "Abrazaré lo que tienes para mí, incluso si mi voluntad humana prefiere lo contrario".

No es de extrañar que Jesús necesitara que sus amigos lo miraran. Él fue tentado más que nunca. Literalmente podía sentir el atractivo del pecado agachado en la puerta. Y podría haber tomado la decisión de desobedecer al Padre: su voluntad podría haber estado en contradicción (lo que le hizo sudar sangre, sentir la tristeza y derrumbarse en el suelo).

Volvió a sus amigos después de soportar el tormento, y todos estaban dormidos. Él les preguntó, decepcionado: "*¿Así que no habéis podido velar conmigo una hora?*".[5]

Te lo dije.

Telenovela.

Ve a leerlo en Marcos 14. Honestamente, aparta este libro y experimenta la humanidad de Dios, plenamente expresada en el Hijo, Jesús.

Es tan hermoso, porque Él es como nosotros: cansado, exasperado, frustrado con sus amigos y en una batalla con su carne, pero sin pecado.

Los discípulos (bendícelos) no tenían idea de la magnitud de este momento. Para ellos, era solo otro día con el profeta-maestro hambriento que maldice higueras cuando Él tiene hambre. Sin embargo, Jesús, a pesar de conocer la fragilidad y la próxima traición de ellos, aún pidió que sus amigos lo miraran y esperaran con él. Sabía que exponerlos a su momento de debilidad no los haría menos fuertes; todo lo contrario, en realidad. Ver al Dios-Humano soportar tales emociones "impías" les dio permiso para ser completamente humanos. Y ese es el tipo de amigo que queremos tener (y ser), no pretenciosos, sino libros abiertos a la experiencia humana. Una experiencia que está incompleta sin la necesidad de Abba. Y algunos amigos asquerosos.

El padre Gregory Boyle escribió en su maravilloso libro *Tattoos in the Heart* (Tatuajes en el corazón):

> Tú estás con los menos propensos a tener éxito hasta que el éxito sea sucedido por algo más valioso: el parentesco. Te mantienes con

lo beligerante, lo hosco y lo mal comportado hasta que el mal comportamiento sea reconocido por el lenguaje que es: el vocabulario de los profundamente heridos y de aquellos cuyas cargas son más de lo que pueden soportar.[6]

Nuestra generación está muriendo de hambre por la amistad. Las redes sociales nos están enviando este mensaje alto y claro. Todos estamos desesperados por la conexión, pero la iglesia sigue produciendo cada vez más reuniones, sermones y asociaciones de plástico. Seguimos esforzándonos por tener la canción perfecta, con la teología perfecta, con el sonido perfecto y el momento perfecto. Nos preocupamos por los grandes edificios y las reuniones cómodas mientras que las personas se sienten lastimadas, solas y desesperadas por tener sentido.

¿Qué pasa si tomas el "enfoque de amigo de los pecadores"? Trae vino a sus fiestas, pon una mano sobre su lepra, invítalos a tus luchas íntimas, y luego da tu vida por su beneficio.

Esta es la manera en que Dios entiende la amistad: estar tan conectados a su viaje que absorbes su desdén; confundirte como glotones y borrachos porque las personas que amas y son tus amigos son glotones y borrachos.

Y es legítimo preguntarte a ti mismo: *Si no estoy llegando a las mismas personas que Cristo alcanzó, ¿estoy predicando el mismo evangelio que predicó Jesús?*

Notas

1. Joshua Harris, publicación de Twitter, 1 de junio de 2015, 7:02 p.m., http://twitter.com/HarrisJosh.2. Mateo 11:19 NVI
3. Marcos 14:34 NVI
4. Marcos 14:36.
5. Mateo 26:40.
6. Gregory Boyle, Tatuajes en el corazón (Nueva York: Prensa libre, 2010), 179.

31

¿QUIÉN ES EL PROTAGONISTA?

“Si usas la Biblia para defender la opresión, la exclusión o la violencia, has malinterpretado tanto la historia como al narrador”.[1]

—Nathan Hamm

La pregunta principal que debemos hacernos es “¿A quién manda Dios al infierno?”. En cambio, es “¿Qué hizo Dios cuando vino a la tierra?”. La pregunta más importante no es ni siquiera “¿Jesús odia el pecado?”, sino más bien, “¿Cómo amaría Jesús a este pecador?”. Si seguimos tratando de hacer la Biblia sobre los cuatro versículos que usamos para juzgar a cierta persona, o los cinco versículos que guían nuestra moral selectiva, echaremos de menos al personaje principal de la historia: el Señor mismo.

Rapto. Conservador. Trinidad. Masturbación. Avivamiento. Estas son solo algunas de las muchas palabras que no se encuentran en la Biblia. Y si no consideras las palabras que son artículos, conjunciones, preposiciones, etc., la palabra más común que se encuentra en las Escrituras es **Señor.** Ocurre 6.782 veces entre Génesis y Apocalipsis.

Las siguientes veintinueve palabras que aparecen más en la Biblia son...

Dios – 4.293
Hombre – 2.747
Israel – 2.509
personas – 2.271
Rey – 2.124
Hijo – 1.980

Hombres – 1.860	Casa – 1.840
Día – 1.759	Niños – 1.727
Tierra – 1.641	cosas – 1.438
Mano – 1.419	Tierra – 1.088
Hijos – 1.061	Jerusalén – 956
Ciudad – 953	Jesús – 953
Padre – 944	Nombre – 934
Corazón – 925	días – 923
David – 881	Moisés – 804
Lugar – 798	Tiempo – 787
Judá – 756	Palabra – 737
Maldad – 657	

Ten en cuenta que en las treinta palabras principales de la Biblia, la primera palabra con una connotación puramente negativa es *Maldad.*

En el número treinta. Sí, algunas de las mejores veintinueve fueron utilizadas como negativas en diferentes escenarios, pero el punto es que la Biblia prioriza palabras como *bien, corazón, padre, hijos, Jesús y personas,* por encima de palabras como *muerte, espada, enemigos y juzgar* que ni siquiera llegan a las cincuenta primeras.

No se trata de diluir las Escrituras, se trata de priorizar lo que las Escrituras priorizan. Y sé que esta es una visión simplista de la complejidad y las complejidades de la Biblia, pero quizás lo simple es lo que necesitamos. Al igual que los niños que aprenden a leer, mientras más veas una palabra, más rápido será aprenderla y hablar con fluidez.

Tristemente, reconocemos las palabras negativas más que las positivas. Se destacan por encima del resto. Nuestros cerebros humanos, científicamente probados para estar más apegados a lo negativo que a lo positivo, han sido engañados al creer que la historia de la Biblia trata más sobre *la inmortalidad y la guerra* que sobre *la belleza y el descanso.* Pero incluso cuando aislamos todas las palabras negativas de la Biblia, si miramos las Escrituras a través de la lente de Jesús (que es la única manera legítima de verlo), entonces *el pecado y la muerte y el infierno y Satanás* serán filtrados a través de *la cruz, el amor y el perdón de Cristo.*

El libro que comienza con Dios prioriza a Adonai, y nos dice a Yahweh le gusta y no le gusta... revela quién es realmente *Yo soy*. Y Él es amor. La compartimentalización de la Biblia nos ha permitido escoger y elegir los versículos que queremos destacar, y a menudo los destacamos fuera de contexto. Dado que es posible pasar de capítulo a verso, lo que sea, olvidamos que cada palabra fue escrita como una pincelada en una obra maestra. La mayor parte del Libro bueno no fue escrito para ser leído pieza por pieza, sino como el supremo guión que nos lleva al nombre supremo: *el Señor mismo*. Es la narración que nos lleva a Cristo; la historia de la gracia de Dios; una colección de poemas e historia, escrita por humanos imperfectos inspirados por el Espíritu de la verdad.

Mis niños pequeños ya están empezando a entender el tema principal de la Biblia: *el Señor es el protagonista y Él es asombroso*. (Y esto se basa en la versión para iPad de la Biblia para niños que leemos juntos después de mirar *Inside Out* por quincuagésima millonésima vez)

El nombre del Señor *está* en todas partes. Se encuentra 6.782 veces entre Génesis y Apocalipsis. Como dice Brian Zahnd, "Lo que la Biblia hace infaliblemente es señalarnos a Jesucristo".[2] Y recuerda que apedrear a la mujer que fue sorprendida en el acto de adulterio era bíblica, pero no era como Cristo.

Lo que sea que el *Señor* diga, va.

Notas

1. Nathan Hamm, publicación de Twitter, 11 de agosto de 2011, 9:37 a.m., http://twitter.com/ NathanHamm.
2. Brian Zahnd, "La Escritura como testigo de la Palabra de Dios", BrianZahnd.com (blog), 1 de enero de 2014, https://brianzahnd.com/2014/01/scripture-witness-word-god/. (Consultado el 25 de marzo de 2017).

32

EL TÍTULO, SERVIDOR

"A veces, el mejor evangelismo es decirle a las personas que eres cristiano y no ser un cretino".[1]
—John Pavlovitz

¿Y si los cristianos fueran más conocidos por lavar los pies que por castigar el pecado? ¿Qué pasaría si la bondad fuera la herramienta principal que usamos para demostrar el reino de Dios? ¿Qué tal si en vez de tratar de liderar el mundo, nos enfocamos en servirle?

He basado la mayor parte de mi entendimiento del liderazgo y la influencia, en la premisa de que Dios quiere que sea un líder y un influyente. Sin embargo, cuanto más me involucro en la historia de Jesús (sus palabras, sus acciones y su vida), más me doy cuenta de que Dios no tiene interés en que yo sea un líder. Él quiere que sea un servidor, y eso me pone en un aprieto.

Porque aunque me gusta el título de servidor, simplemente no me gusta que me traten como tal. Por supuesto, he elegido puestos de liderazgo intencionalmente en mi vida. Me hacen sentir valioso y significativo.

Pastor.

Editor en jefe.

Director creativo.

Esposo.

Papá.

Y a cada uno de esos títulos (lo diga o no) les atribuyo un sentido de liderazgo (y de gobierno), al menos más de lo que atribuyo un sentido de servidumbre.

El Rey de Reyes, por otro lado, dijo:

> *Vosotros me llamáis Maestro, y Señor; y decís bien, porque lo soy. Pues si yo, el Señor y el Maestro, he lavado vuestros pies, vosotros también debéis lavaros los pies los unos a los otros. Porque ejemplo os he dado, para que como yo os he hecho, vosotros también hagáis.*[2]

Enfrentado con esto, honestamente tengo que preguntarme, ¿cuándo fue la última vez que realmente lavé pies, literalmente, no figurativamente? Diablos, ¿cuándo fue la última vez que incluso lavé figurativamente los pies de alguien?

Recientemente, le estaba pidiendo a Dios en oración que abriera las puertas para el ministerio. Quería más oportunidades para predicar en cárceles, naciones extranjeras, grandes escenarios o pequeñas reuniones (ya sabes, porque soy muy humilde y genial).

El Padre respondió mi pedido con su propia pregunta: "¿A quién vas a servir cuando vayas allí?". Yo respondí: "¡Duh! Quiero servir a esos prisioneros, a la multitud y a tu pueblo".

Su amable respuesta: "¿De verdad quieres estar ahí para ellos, o cómo se ve en las redes sociales cuando visitas prisioneros? Cuando estás en el gran escenario, ¿estás ahí por su bien, o por la foto?"

"Mi respuesta,

...

...

...

Las personas me han dicho que tengo una "vocación de liderazgo" en mi vida. Pero ahora estoy preocupado, porque ni una vez dijeron eso porque estaba lavando los pies de alguien, que es la expresión física del liderazgo piadoso. Así como el pan y el vino son una manifestación física de una verdad espiritual, también lo son los pies lavando una revelación realista de una realidad celestial.

Así que estoy aquí para decir, lo entendí todo mal.

De nuevo.

(¡Señor, ten misericordia!)

Tomemos un interludio de cinco segundos. Sería tentador comenzar a pensar en los líderes, maestros, pastores y jefes pasados mientras escriben acerca de la servidumbre. Pero no estoy escribiendo para que te enojes/ te pongas cínico, sobre / hacia ellos. Esto es un estímulo para ti y para mí. Sin embargo, si has soportado el control / la manipulación legítimos, entonces esto se convierte en una invitación a perdonar tus caminos en la cima de la montaña para que podamos avanzar en gracia, con Cristo, en la dirección opuesta.

¿De acuerdo?

Ahora, permíteme darte un texto aún más contundente para respaldar la escandalosa afirmación de que Jesús de alguna manera es *anti-liderazgo.*

Te recordaré Mateo 23: 8-12.

Y una vez más, este es el Señor de Señores hablando.

> *Pero vosotros no queráis que os llame Rabí; porque uno es vuestro Maestro, el Cristo, y todos vosotros sois hermanos. Y no llaméis padre vuestro a nadie en la tierra; porque uno es vuestro Padre, el que está en los cielos. Ni seáis llamados maestros; porque uno es vuestro Maestro, el Cristo. El que es el mayor de vosotros, sea vuestro siervo. Porque el que se enaltece será humillado, y el que se humilla será enaltecido.*

¿Qué estamos haciendo?

Y esta es una pregunta honesta (cargada).

¿Por qué les estamos enseñando tanto a las personas sobre liderazgo e influencia? ¿Cómo es que gastamos tanto dinero en libros, seminarios y conferencias para ser mejores en eso? Obviamente, el liderazgo es importante. Es un concepto del Nuevo Testamento con ejemplos increíbles como

María Magdalena, Junia, Santiago y Pablo. Pero la Palabra de Dios en la carne, Jesucristo mismo, nunca usó la palabra *liderazgo*. Ni una sola vez.

Su continua invitación fue para aquellos que querían que el liderazgo reconociera que el camino hacia arriba está abajo, que el camino a seguir ha regresado, y que el reino de Dios solo se encuentra cuando no estamos construyendo nuestros propios reinos. Todo esto se prueba por el hecho de que cada vez que sus propios discípulos hablaban de los tronos y la posición, Jesús redirigió esos deseos hacia los pies, la suciedad, el quebrantamiento y el amor sacrificial.

Y Jesús nos guía con el ejemplo en esto. Él resistió la tentación del enemigo de gobernar las naciones a través de la fuerza. Él resistió la invitación de las multitudes a ser un rey terrenal. Jesús no usó su autoridad para construir un imperio. Él no usó su poder para hacer que las personas se inclinaran ante él. Él no forzó a las personas a servirlo, ¡Él les sirvió! El perfecto Hijo de Dios arregló sillas rotas, lavó los pies, murió en una cruz y preparó el desayuno para sus amigos.

Aquí estamos de nuevo, querida iglesia. Parados en la cima de la montaña. Queriendo poder, influencia y control.

Pero Jesús dijo que no a esa tentación... y nos invita a hacer lo mismo, *"Porque el Hijo del Hombre no vino para ser servido, sino para servir, y para dar su vida en rescate por muchos"*.[3]

Tal vez nos ayude a ver qué significaban los títulos de liderazgo en el idioma original; como se usa en el Nuevo Testamento:

1. "Obispos" son guardianes (episkopos).
2. "Pastores" son cuidadores (poimén).
3. Los "ministros" son camareros para las mesas (diáconos).
4. "Ancianos" son viejos sabios (presbíteros).
5. "Apóstoles" son enviados (apóstolos).
6. "Diáconos" son camareros (diákonos).

El extraordinario líder que Pablo escribió a la iglesia en Filipos: *"Nada hagáis por contienda o por vanagloria; antes bien con humildad, estimando cada uno a los demás como superiores a él mismo"*.[4]

Si vamos a hablar sobre liderazgo, asegurémonos de que esté en el modelo de flecha y no en la pirámide. Aprendí esta comparación de Duncan Smith (un líder que amo y sirvo gustosamente). Imagínate una pirámide inclinándose ante Jesús. A sus pies se convierte en la cabeza de una flecha. Va de ser esto: △ a ser esto: ▷.

Las pirámides se encuentran en los desiertos; están llenas de huesos de hombres muertos; son una reliquia del pasado; y no van a ninguna parte. Las flechas vienen en grupos; se usan como armas; ellas avanzan; y son lanzadas por alguien.

Un verdadero líder (como el de Jesús) es uno que sigue adelante (lanzado por Jesús mismo) y no uno que se mantiene en la cima (arrollando al resto). Me gustaría ser una flecha en todas mis áreas de influencia, de esa manera puedo destruir el modelo piramidal de liderazgo y convertirme en alguien que es enviado por adelantado: lanzado por Dios al frente del campo de batalla; servir, amar y morir por mis amigos.

Comienza lavando platos en casa y sirviendo comidas en tu comedor de beneficencia local. Continúa con preparar sermones asombrosos para la iglesia y luego pasar tiempo de calidad con las personas después de salir del escenario. Puede crecer hacia el hábito diario de manifestar consideración en tu lugar de trabajo, buscarles café a las personas, abrir la puerta a tus compañeros de trabajo y andar la milla extra por tus enemigos.

Servir a los que "deberían estar sirviéndote" es posiblemente el pronunciamiento más auténtico que existe del cristianismo. Pone carne al Cristo que descendió de su trono para ser siervo de todos. Y este Cristo todavía dice:

> *Mas Jesús, llamándolos, les dijo: Sabéis que los que son tenidos por gobernantes de las naciones se enseñorean de ellas, y sus grandes ejercen sobre ellas potestad.* ***Pero no será así entre vosotros,*** *sino que el que quiera hacerse grande entre vosotros será vuestro servidor, y el que de vosotros quiera ser el primero, será siervo de todos. Porque el Hijo del Hombre no vino para ser servido, sino para servir, y para dar su vida en rescate por muchos.*[5]

Estamos de acuerdo contigo, Señor.

No será así.

Notas

1. John Pavlovitz, publicación de Twitter, 29 de octubre de 2015, 9:05 a.m., http://twitter.com/ johnpavlovitz.
2. Juan 13: 13-15.
3. Marcos 10:45.
4. Filipenses 2: 3.
5. Marcos 10: 42-45.

33

TE FALTA UNA COSA

"Dar es verdadero tener."
—Charles Spurgeon

Hace unos años, el avión privado de un famoso predicador del evangelio de la prosperidad se salió de una pista de aterrizaje. Afortunadamente, nadie resultó gravemente herido, excepto el viejo avión. Entonces, el predicador lanzó una campaña de recaudación de fondos para que sus seguidores paguen aproximadamente sesenta y cinco millones de dólares por un nuevo Gulfstream G650. Sugirió a sus oyentes que todos se comprometieran a dar "trescientos dólares o más". El avión que él quería era el más rápido jamás construido en la aviación civil. Pero después de recibir una reacción inmediata e intensa, el predicador terminó la recaudación de fondos.

Tristemente, la iglesia como un todo parecía una máquina codiciosa.

De nuevo.

En ese momento, el predicador tenía un valor neto estimado de $27 millones de dólares, que era 200 veces más que el ingreso anual promedio de $29,640 de las personas en su ciudad natal y ubicación del ministerio. Y a medida que toda esta información salía al público, las personas acudían en masa a las redes sociales para criticar y acusar. Por supuesto, estaba tan tentado de unirme al coro de lanzadores de piedras.

Puedo admitir que no estoy de acuerdo con los métodos del predicador; no soy un seguidor de sus enseñanzas o lector de sus libros. Sin embargo, sería injusto por mi parte suponer que todo lo que ha hecho es malo: calificarlo de malo o fraudulento.

Es muy posible que haya ganado más personas para Cristo que yo. No tengo dudas de que su ministerio ha creado más trabajos que los que tengo en el mío. Sus mensajes han inspirado y alentado a cientos de miles, posiblemente millones en todo el mundo. Y mientras investigaba descubrí que su ministerio ha donado mucho más de sesenta millones de dólares para ayudar a los pobres, en el país y en el extranjero.

Aun así, todavía quería juzgarlo (y tenía versículos de la Biblia para apoyar esos juicios). Sin embargo, juzgarlo es juzgarme a mí mismo.

Oh, Dios mío, sí, quiero pedir a todas las famosas listas de televangelistas del Evangelio de la prosperidad que dejen de pedir tanto dinero. Quiero que se muden de sus mansiones de un millón de dólares y los conviertan en refugios para personas sin hogar. Desearía que vendieran sus lujosos automóviles y les dieran el dinero a las viudas y los huérfanos en sus congregaciones. Y quiero que dejen de promover el mensaje de la prosperidad occidental que nos hace parecer baratos a los ojos del mundo. A pesar de eso, *soy yo quien necesita detenerse.* En lugar de exigir que den más a los pobres, debería dar más de mí mismo. No tengo una mansión, pero tengo en mi mesa tres comidas al día. Entonces, aunque no puedo alimentar a cientos, probablemente podría alimentar a algunos semanalmente. Cuando me invitan a predicar, viajar y recibir un honorario, tal vez debería preguntarle a Jesús si puedo devolvérselo a los necesitados en la ciudad en la que me encuentre, en lugar de gastar la mitad en el camino de regreso a casa.

Tú ves, el problema no es la riqueza; el problema es el amor al dinero. Y amo el dinero, entonces tengo un problema con la riqueza.

Como escribió Juan: *"Si alguien que posee bienes materiales ve que su hermano está pasando necesidad, y no tiene compasión de él, ¿cómo se puede decir que el amor de Dios habita en él? Queridos hijos, no amemos de palabra ni de labios para afuera, sino con hechos y de verdad".*[2]

Me parece ridículo que un predicador "necesite" un avión de sesenta y cinco millones de dólares para predicar el evangelio. Pero también podría parecer ridículo a un padre de doce en Nigeria que yo "necesitara" un iPad para predicar mis sermones, o la iMac más nueva para escribir este libro.

No hay nada de malo en hacer crecer tus finanzas. Es grandioso cuando los cristianos son ricos (porque eso debería significar más dinero para financiar la misión de Cristo). Sin embargo, hay una línea para la cantidad de dinero que nosotros como líderes deberíamos gastar en nosotros mismos. No sé dónde está la línea, pero podría ser en algún lugar entre las personas que se van a la cama con hambre y los pastores que se van a la cama dentro de sus propios aviones. ¿Eso suena justo? Necesito tu ayuda para descubrir esto.

Mi esposa y yo disfrutamos de dar, diezmar, prosperar y tener cosas agradables. Dios ha sido bueno con nosotros y estamos extremadamente agradecidos. Solo espero que sigamos avanzando hacia ser *dadores* en lugar de receptores, *creadores* en lugar de consumidores, y *amadores* en lugar de tomadores.

Sí, es difícil "defender" nuestra fe cuando historias como estas se vuelven virales. Y créanme, estoy totalmente a favor de que el cuerpo de Cristo regrese al camino de la cruz y al camino de la iglesia del primer siglo. Pero tal vez deba centrarme menos en cómo estos otros ministros gastan su dinero y en su lugar centrarme en la invitación de Jesús a mí: *"Una cosa te falta: anda, vende todo lo que tienes, y dalo a los pobres, y tendrás tesoro en el cielo; y ven, sígueme, tomando tu cruz"*.[3]

Estas palabras rondan mi alma egoísta. Fueron dichas por Jesús a un joven gobernante rico, y la Biblia dice que Jesús amaba a ese joven y rico gobernante. Estados Unidos es una nación joven y rica, y Jesús ama a esta rica joven nación.

Si tienes comida en tu refrigerador, ropa sobre ti, un techo sobre tu cabeza y un lugar para dormir, eres más rico que el 75 por ciento del mundo. Y Jesús te ama. Es porque Jesús amaba a ese joven y rico gobernante (así como Él nos ama) que nos invita a una rendición mayor. La invitación al joven rico no era para que pasara de rico a pobre, sino de esclavo a libre; de ser un títere a sus posesiones a ser un seguidor de Cristo, que posee sus posesiones por el bien del reino.

Hay algo que descubrí durante mis ocho años de pastoreo en Raleigh, Carolina del Norte: las personas en Estados Unidos tienen suficiente de Dios como para no necesitarlo más. Hay otra cosa que descubrí en mis ocho años de vida en Raleigh, Carolina del Norte; debo luchar contra esta tentación de todos modos. Tal vez no fue solo el hecho de que el rico joven gobernante tuvo que dar todo su dinero, sino también que tuvo que dárselo a personas que no podían darle nada a cambio. Sé que me gusta dar cuando hay alguna medida de devolución. Incluso si la devolución no es el valor total, quiero algo, ¡cualquier cosa! Una foto en Facebook que dice que soy tan generoso, un recibo de donación, así que puedo recuperar algunos dólares en impuestos, un beso, un abrazo y una carta de agradecimiento... ¡cualquier cosa!

Así que sé por experiencia: lo más fácil es adaptar las palabras de Dios a nuestro estilo de vida en lugar de renunciar a nuestro estilo de vida para acomodar las palabras de Dios. Y eso es precisamente lo que hizo el rico joven gobernante. Él conocía la ley, obedecía la ley y tenía un corazón para agradar a Dios. Pero le faltaba una cosa, y debido a su gran riqueza, optó por no aceptar la invitación del Rabino. Qué lástima, porque él era una de las pocas personas fuera de los doce discípulos que tenían una invitación directa de Cristo para seguirlo en el viaje.

Cuando el rico joven gobernante se alejaba, Jesús dijo: *"Más fácil es pasar un camello por el ojo de una aguja, que entrar un rico en el reino de Dios"*.[4]

Los discípulos (comprensiblemente) estaban asombrados por estas palabras y le preguntaron: " *Ellos se asombraban aún más, diciendo entre sí: ¿Quién, pues, podrá ser salvo? Entonces Jesús, mirándolos, dijo: Para los hombres es imposible, más para Dios, no; porque todas las cosas son posibles para Dios"...*[5]

¿Qué es esto «imposible para nosotros» que se convierte en «posible con Dios»? Bueno, no es así, "puedo tener lo que quiera porque ¡todas las cosas son posibles para Dios!" Todo lo contrario en realidad.

El deseo en el corazón de Jesús es que podamos decir: "Puedo regalar todo". Ser salvado de Mamón. Sí, es imposible para mí, pero no imposible para Dios". Qué extraño que hayamos convertido esta declaración en la oración y declaración que usamos para pedir éxito y posesiones.

"Puedo tener un auto nuevo, porque nada es imposible para Dios."
"Puedo conseguir a la esposa preciosa, porque nada es imposible para Dios."
"Puedo ser famoso en Instagram porque nada es imposible para Dios."

Es cierto que esas cosas también son posibles con Dios, pero es necesario leer estas palabras en contexto. Jesús estaba hablando al momento. Un hombre rico y piadoso acababa de rechazar una invitación directa a entregar sus posesiones, y Jesús era consciente de que esto sería difícil para cualquier persona en cualquier situación, por lo que nos recordó nuevamente una ecuación sobrenatural.

Imposible + Tú y yo = Posible con Dios.

La sociedad y la cultura nos ruegan que tengamos más éxito; más grande, mejor y más rico es el objetivo final para aquellos que están hambrientos de reconocimiento. Nuestro materialismo está buscando más y nuestra vanidad está desesperada por la exclusividad.

A pesar de eso, es posible, con Dios, entregar tierras y títulos, regalar nuestro tiempo y nuestros mejores esfuerzos, y ser generosos con nuestro dinero, nuestros talentos y nuestras manos. Podemos elegir, en Cristo, darlo todo.

Es el privilegio de la crucifixión.

Y en este evangelio de generosidad entregamos nuestras posesiones al poseedor de todo. Sé que esto podría no ser una buena noticia para los ricos, pero definitivamente es una buena noticia para los pobres.[6]

John D. Rockefeller, el nativo de Ohio que fundó Standard Oil, era un multimillonario a principios de 1900, y todavía se le considera la persona más rica de la historia moderna. Cuando un reportero le preguntó: "¿Cuánto dinero es suficiente?", respondió: "Solo un poco más". Cuando lo que ya tenemos *nunca es suficiente*, entonces *nunca lo suficiente* se convertirá en nuestro dios. Este ídolo debe bajar. No nos falte esa única cosa.

Antes de su actual trabajo como profeta / comediante / presentador de *The Late Show con Stephen Colbert* en CBS, Colbert tenía un programa de televisión por cable básico, en el que dijo:

Si esto va a ser una nación cristiana que no ayuda a los pobres, o bien tenemos que pretender que Jesús fue tan egoísta como nosotros, o tenemos que reconocer que Él nos ordenó amar a los pobres y servir a los necesitados sin condición, y luego admitir que simplemente no queremos hacerlo.[7]

Reconozco que la mayoría de las veces no quiero hacerlo. Pero quiero cambiar, entonces comenzaré con el perdón. Perdono a cada líder de la iglesia que ha pedido millones de dólares para expandir sus reinos personales. Y me perdono a mí mismo por pretender que no haría lo mismo.

Notas

1. Charles Spurgeon, John Plowman's Talks (Nueva Kensington, Pensilvania: Whitaker House, 2012), 101.
2. 1 Juan 3: 17-18 NVI
3. Marcos 10:21.
4. Marcos 10:25.
5. Versículos 26-27
6. Ver Lucas 4:18.
7. Stephen Colbert, "Jesús es un demócrata liberal", The Colbert Report, 16 de diciembre de 2010, http://www.cc.com/video-clips/m38gcf/the-colbert-report-jesus-is-a-liberal-demócrata.

34

HUMANIDAD

"El racismo es la amenaza más grave para el hombre: el máximo de odio por un mínimo de razón, el máximo de crueldad por un mínimo de pensamiento".[1]
—Abraham Joshua Heschel

Yo estaba programado para predicar el domingo, 10 de julio de 2016. Había sido una semana fuerte. El martes, Alton Stirling había sido inmovilizado por la policía en un minimercado de Baton Rouge. El miércoles, Philando Castile recibió un disparo de un policía cuando buscaba su billetera durante una parada de tráfico "rutinaria", mientras su novia y su hija de cuatro años lo miraban. Luego, el jueves, un francotirador mató a cinco policías de Dallas mientras protegía una marcha de protesta de Black Lives Matter.

Las tensiones eran altas, las opiniones eran fuertes y atemorizantes, los políticos con agendas diferentes usaban el miedo colectivo para vender sus agendas, y una multitud de cristianos se estaban portando mal entre ellos en las redes sociales. Compartí un sermón acerca de ser familia, acerca de tomarse de las manos y escucharnos unos a otros sin tratar de controlar lo que decimos o sentimos. Luego le di el micrófono a una pareja negra y les dije que simplemente compartieran lo que experimentaban en su vida cotidiana en una atmósfera tan cargada. Fueron honestos, humildes y acogedores. Entonces, un veterano blanco de la iglesia pidió perdón por los pecados de su raza. Fue honesto, humilde y acogedor.

Luego, rezamos juntos por la policía y por las familias que se vieron afectadas, y las abrazamos, en ese mismo momento. Era tan esperanzador ver a la familia de Dios hablarse mutuamente: negros y blancos, latinos y asiáticos, jóvenes y viejos, *boomers* y mileniales. Fue una manifestación de lo que la iglesia realmente es, y lo que podría proveerle al mundo en momentos como estos. No se trataba de cubrir la verdad con un lindo y seguro momento de la iglesia; se trataba de enfrentar los hechos de frente y permitir que el amor feroz de Dios iniciara soluciones.

Honestamente, tuve la tentación de predicar sobre algo más ese día. Me sentí tan inadecuado para compartir. No soy negro. No soy un policía. Me sentí como una voz más en la narrativa caótica. Y todavía sé que mis opiniones no tendrán la solución a este terrible problema sistémico. Mi perspectiva sobre lo que sucede es aleatoria e inconclusa. Sé poco, pero Dios sabe lo que tenemos que hacer. Y sugiero que lo hagamos.

Podemos comenzar con *"El amor sea sin fingimiento. Aborreced lo malo, seguid lo bueno. Amaos los unos a los otros con amor fraternal; en cuanto a honra, prefiriéndoos los unos a los otros."*[2]

Luego continúa con *"Bendecid a los que os persiguen; bendecid, y no maldigáis. Gozaos con los que se gozan; llorad con los que lloran. Unánimes entre vosotros; no altivos, sino asociándoos con los humildes. No seáis sabios en vuestra propia opinión"*.[3] Y termina con: *"Unánimes entre vosotros; no altivos, sino asociándoos con los humildes. No seáis sabios en vuestra propia opinión. No paguéis a nadie mal por mal; procurad lo bueno delante de todos los hombres. Si es posible, en cuanto dependa de vosotros, estad en paz con todos los hombres"*.[4]

Esta es la voz de Dios en los escritos de Pablo en Romanos 12.

Es el juez perfecto que nos pide valor para *no* juzgar. Es el Salvador amoroso que nos pide la gracia de no participar en concursos de escupir *bien* o *mal*. Es el Sanador perfecto que nos pide que seamos manos y pies empapados de compasión el uno por el otro.

Dios el Padre nos está pidiendo que seamos Jesús para los que sufren en nuestra nación.

Jesús, quien lavó los pies de Judas.

Jesús, quien defendió a los oprimidos.

Jesús, quien perdonó a las personas que lo asesinaron.

Jesús, quien murió injustamente como un criminal.

Todos sabemos que después de cada acto de violencia que se vuelve viral, estamos expuestos a diferentes pensamientos y respuestas. Pastores, políticos, maestros y mamás del fútbol entran al debate y eligen lados según sus experiencias, prejuicios y creencias. Sé que estás cansado (lo sé), así que tal vez haya una mejor manera, una respuesta diferente, una que comience y termine con nosotros.

Creo que estas ocasiones exigen que nos responsabilicemos de nuestra parte, porque si no somos parte de la solución, entonces somos parte del problema. También ha llegado la hora de lidiar con nuestro propio racismo, ese pequeño prejuicio "inofensivo", el ligero desdén por las personas de otro color, cultura, género, orientación sexual o religión. La verdadera curación de la intolerancia comienza con el reconocimiento de que el racista más peligroso en nuestras vidas es el que está furioso por dentro.

Científicamente, la humanidad está compuesta de exactamente una raza. Aunque el mundo tiene diferentes etnias, ciudadanías, geografías y culturas, todos los seres humanos son casi idénticos genéticamente. Las distinciones genéticas que reflejan la variación en la apariencia física en toda la raza humana implican solo 0.01 por ciento de nuestros genes.[5] Y todos fuimos hechos a la imagen de Dios. Yo lo soy.

Todas las víctimas de los disparos de la policía en América lo fueron. Todos los manifestantes y todos los oficiales de policía lo son.

Y tú también. La Escritura nos dice: "*Palabras como judía y no judía, religiosa e irreligiosa, interna y externa, incivilizada y grosera, esclava y libre, no significan nada. A partir de ahora, todos están definidos por Cristo, todos están incluidos en Cristo*".

Y este Cristo experimentó el racismo en su vida. Cuando a Natanael le hablaron del Mesías por primera vez, respondió con la pregunta: "*¿De Nazaret puede salir algo de bueno?* Esta declaración distinguía a la gente de Nazaret como muy inferior, inferior y mala.

Jesús también fue juzgado en base a su condición social. Lo llamaron *"el hijo del carpintero"*, como si dijeran pobre, inculto, muy inferior, inferior y malo. Nació en el pequeño Belén, vivió como minoría en el Imperio Romano y fue asesinado como criminal en una cruz. Fue tratado como pobre, inculto, muy inferior, inferior y malo.

Sé que Él entiende la lucha, y estoy seguro de que es la única solución. Entonces, cualquiera que sea la pregunta, el amor es la respuesta. No es nuestra versión del amor... la versión de Jesús; la versión que favorece la comprensión, la comunidad y la amabilidad; la versión que convierte a los enemigos en amigos y extraños en familia; la versión que perdona a los oficiales de policía por su brutalidad y reconoce el dolor de aquellos que han sido brutalizados; la versión que cree lo mejor sobre cualquier persona que alguna vez haya usado los hashtags #BlackLivesMatter y #BlueLivesMatter. La compasión no es solo una emoción que nos hace sentir lástima, es una invitación piadosa. Es el llamado a hacerlo como Dios mismo lo hizo: acercarse al "otro", abrazar su experiencia y morir por su beneficio. Como a Heidi Baker le gusta decir: "¡El amor se parece a algo!" *¿Cómo se verá después de que termine este capítulo?* Para mí, parece como cocinar una comida puertorriqueña para mi vecino afroamericano mientras hablamos con mi esposa europea sobre familia, raza, relaciones y tiroteos policiales. Parece como orar junto con oficiales de la policía en nuestra comunidad de la iglesia, y extender una mano de amistad. Se parece a admitir el racismo sistemático que pesa sobre nuestras familias negras y se mantiene valientemente con ellas. Para nosotros, la iglesia de Jesús parece una combinación de cientos de pequeños actos de amor.

Sería bueno grabar en nuestras mentes las palabras del difunto Nelson Mandela.

> Nadie nace odiando a otra persona por el color de su piel, su origen o su religión. Las personas deben aprender a odiar, y si pueden aprender a odiar, se les puede enseñar a amar, porque el amor llega más naturalmente al corazón humano que su opuesto.[9]

Estamos listos para aprender.

Así que vamos a abrir la mesa de comunión en nuestras reuniones. Hagamos un diálogo fundado en el amor en lugar de las opiniones. Y escuchemos para entender, no para responder. Y recuerda que el "ama a tu prójimo como a ti mismo" no tiene letra pequeña en la parte inferior que pone condiciones en la declaración. Podríamos pasar horas y horas hablando de lo que la policía blanca o la comunidad negra deberían hacer... pero esa es la parte fácil. La parte difícil (menos atractiva) es tomar el enfoque del reino de Dios: lidiar con el pecado en el interior, quitar el tronco de nuestros ojos, arrepentirse por el odio en nuestros corazones y arrojar la piedra del racismo de nuestras manos.

Es fácil tuitear 140 caracteres sobre la brutalidad policial o sobre el crimen negro. Es fácil compartir el juicio en Facebook sobre delincuentes o alborotadores. Es más difícil orar, más difícil amar y más difícil entender. Hagamos las cosas difíciles.

Notas

1. Abraham J. Heschel, La inseguridad de la libertad: Ensayos sobre la existencia humana (Nueva York: Farrar, Straus y Giroux, 1963), 86.
2. Romanos 12: 9-10.
3. Versos 14-16.
4. Versículos 16-18.
5. S. C. Cameron y S. M. Wycoff, "La naturaleza destructiva del término raza: creciendo más allá de un falso paradigma", Journal of Counseling and Development, 1998, 76: 277-285.
6. Colosenses 3:11 MSG
7. Juan 1:46.
8. Mateo 13:55, ver también Marcos 6: 3.
9. Nelson Mandela, Long Walk to Freedom (Nueva York: Back Bay Books, Little, Brown and Company, 1994), 622.

35

NOSOTROS Y ELLOS

"Mi primera lealtad no es a una bandera, un país o un hombre. No es para democracia o sangre. Es para un rey y un reino".[1]
—Derek Webb

Soy un orgulloso puertorriqueño Algunos de ustedes pensaron que era mexicano al mirar mi foto de perfil ... y está bien. Porque también me enorgullece ser latino y amo a mis hermanos mexicanos.

Al menos una vez al mes, alguien supone que soy árabe musulmán. Me saludan y dicen: "Salam Alaikum" (La paz sea contigo) y con alegría respondo: "Wa-Alaikum-Salaam" (Y a ti, paz). Luego les explico que no soy de Jordania, sino nacido y criado en San Juan.

Llevo un pasaporte estadounidense. Mis bisabuelos se convirtieron en ciudadanos estadounidenses en 1917 a través de la Ley Jones-Shafroth, y ahora puedo vivir y votar en Estados Unidos. También estoy casado con lo que podría ser la persona más blanca que jamás hayas visto. Mi hermosa esposa, Catherine Rachel, nació y se crió en Inglaterra y es anglosajona pura (sin rastros en su árbol genealógico, sino anglosajona pura). Esa es probablemente la razón por la cual mis hijos son los dos niños más blancos de nuestra iglesia. Mitad británicos, mitad puertorriqueños, bilingües y criados en los Estados Unidos.

Como familia, estamos adoptando una hija africana. Nuestra princesa etíope es (y será) negra y orgullosa. La criaremos para que ame su cultura, hable su lengua materna y agregue su bengala a nuestra mesa de las Naciones Unidas.

Los pastores en nuestra iglesia son una mezcla de canadiense, nigeriano, británico, australiano, pakistaní y estadounidense. Y si te cuento sobre nuestro personal y voluntarios, podríamos agregar fácilmente otras diez nacionalidades a la lista. Como dice el padre Gregory Boyle: "No hay nosotros y ellos, simplemente somos nosotros".[2]

Esta cita me realinea cada vez que me siento tentado a trazar líneas y separarme de aquellos que son diferentes a mí; pero creo que la invitación al evangelio va más allá de eso. Va del saber que somos *nosotros*, a elegir el *nosotros* sobre nosotros mismos. Como dijo Jesús acerca de sí mismo (mientras nos invitaba al mismo nivel): *"Nadie tiene mayor amor que este, que uno ponga su vida por sus amigos"*.[3]

Bienvenido al ministerio de reconciliación. Es tuyo en esta vida, de acuerdo con 2 Corintios 5.

Es la destrucción de los muros de la hostilidad de la que Pablo habla en Gálatas 2. Es la sabiduría multicolor de Dios, expresada en un pueblo multicolor. Y si el pueblo de Dios hubiera aceptado esta invitación, entonces habría más samaritanos vivos hoy.

Digo esto porque durante el tiempo de Jesús, ellos fueron un pueblo despreciado. Y a partir del 1 de enero de 2015, la población viva de samaritanos en el mundo es 777.[4] Han sido diezmados porque durante tanto tiempo se los consideró una raza menor, una religión menor y un grupo menor de personas. Pero Jesús los comprometió continuamente con honor.

En Lucas 10:25 un experto en la ley se puso de pie y probó a Jesús (mala idea). Él le dijo: *"Maestro, ¿haciendo qué cosa heredaré la vida eterna?"*. En el versículo 26, y en el estilo completo de Jesús, Él respondió a su pregunta con dos preguntas:

1. "¿Qué está escrito en la ley?". (Dime lo que sabes).
2. "*¿Cómo lo lees?*" (Dime cómo lo interpretas).

En el versículo 27, el abogado cita de Deuteronomio y Levítico: "Amarás al Señor tu Dios con todo tu corazón, y con toda tu alma, y con todas tus fuerzas, y con toda tu mente, y a tu prójimo como a ti mismo."

Una ronda de aplausos por conocer las Escrituras tan bien. En el versículo 28, la Palabra de Dios le dijo: *"Bien has respondido; haz esto, y vivirás."*.

Pero el hombre, queriendo justificarse a sí mismo (mala idea otra vez) le preguntó a Jesús en el versículo 29: «¿Y quién es mi prójimo?" O, en otras palabras, "¿con quién debo estar? ¿Y dónde dibujo la línea?

Jesús responde con una parábola; una historia que estaba destinada (en amor) a ofender a la mente para revelar el corazón.

Y esto es lo que dijeron el Camino, la Verdad y la Vida:

> *"Respondiendo Jesús, dijo: Un hombre descendía de Jerusalén a Jericó, y cayó en manos de ladrones, los cuales le despojaron; e hiriéndole, se fueron, dejándole medio muerto. Aconteció que descendió un sacerdote por aquel camino, y viéndole, pasó de largo. Asimismo un levita, llegando cerca de aquel lugar, y viéndole, pasó de largo. Pero un samaritano, que iba de camino, vino cerca de él, y viéndole, fue movido a misericordia; y acercándose, vendó sus heridas, echándoles aceite y vino; y poniéndole en su cabalgadura, lo llevó al mesón, y cuidó de él. Otro día al partir, sacó dos denarios, y los dio al mesonero, y le dijo: Cuídamele; y todo lo que gastes de más, yo te lo pagaré cuando regrese. ¿Quién, pues, de estos tres te parece que fue el prójimo del que cayó en manos de los ladrones? Él dijo: El que usó de misericordia con él. Entonces Jesús le dijo: Ve, y haz tú lo mismo".*[5]

Observa lo difícil que fue para el abogado admitir algo bueno sobre el samaritano y responder con las palabras reales, *"el samaritano"*.

Observa también cómo Jesús le dijo que fuera como el samaritano que ni siquiera podía reconocer.

Esta parábola hubiera sido lo suficientemente desafiante para el abogado si el samaritano hubiera sido el golpeado al costado del camino y todo lo que Jesús le estuviera pidiendo que hiciera fuera ayudar al pobre bastardo. Sin embargo, usó ese ejemplo no solo para decir, *sé amable con tu despreciado prójimo*, sino también para decir *¡aprende de ellos!*

Como el Dr. Martin Luther King Jr. predicó sobre este versículo el día antes de morir: "Y así, la primera pregunta que hizo el sacerdote, la primera pregunta que hizo el levita fue: 'Si me detengo para ayudar a este hombre, ¿qué me pasará?". Pero entonces vino el buen samaritano, y él revirtió la pregunta: 'Si no paro para ayudar a este hombre, ¿qué le sucederá a él?'".[6]

¿Podemos preguntar esto de nuevo: "¿Qué pasará con el trabajador indocumentado de América Central si no nos detenemos para ayudarlo? ¿Qué pasará con las hordas de refugiados en Medio Oriente si no nos detenemos a ayudarlos? ¿Qué pasará con los veteranos sin hogar si no nos detenemos a ayudarlos?

E incluso más que eso, tenemos que preguntar: "¿Cómo podemos relacionarnos con ellos para que podamos aprender de ellos?".

Esto es humildad personificada.

Creo que es bueno atesorar la tierra con la que Dios nos bendijo. Necesitamos apreciar nuestra cultura, aprender nuestra historia y respetar a nuestra gente. Pero a Jesús no le podía importar menos nuestro patriotismo: el objetivo principal del evangelio era incluir a todos. Es la promesa original a Abraham: *"En tu simiente serán benditas todas las naciones de la tierra, por cuanto obedeciste a mi voz"*.[7] ¡Eso incluye a comunistas e iraníes, musulmanes y franceses, e incluso a nosotros, puertorriqueños! A sus ojos, cada país es el mejor país; cada persona es su persona favorita. En la cruz, todos nos convertimos en sus números uno, y no importa su nacionalidad, color, religión, política o peinado, tú has sido amado en la familia más grande.

El nacionalismo es un mal engañoso que necesita ser confrontado como un mal engañador. Claro, funciona para libros de historia y juegos olímpicos competitivos, pero no funciona para hacer discípulos de todas las naciones. No se ajusta a la imagen de Apocalipsis: *"Vi volar por en medio del cielo a otro ángel, que tenía el evangelio eterno para predicarlo a los moradores de la tierra, a toda nación, tribu, lengua y pueblo"*.[8]

No podemos ser la novia de Cristo y las concubinas de César. No podemos elegir los imperios de este mundo y los caminos de su reino. No podemos priorizar a una superpotencia sobre la humildad y el fuego de Dios. Como escribió Stanley Hauerwas, "la iglesia se constituye como un pueblo nuevo que se ha reunido de entre las naciones para recordarle al mundo que, de hecho, somos un solo pueblo".[9]

Unos años antes de mudarme de Puerto Rico a Raleigh, visité una iglesia en Pasadena, California. Las personas que asistían tenían un deseo sincero por las cosas de Dios. Los oradores en la conferencia estaban llenos de sabiduría y humildad, pero no pude superar la lámpara de un millón de dólares en el vestíbulo. Cada vez que entraba al edificio, esa monstruosidad de avaricia me miraba y se burlaba de mí. Ten en cuenta que no era la iglesia actual que había gastado el dinero poniendo la araña allí. Era un culto con un seguimiento de unos cientos de miles de personas que anteriormente habitaban el auditorio, que había sido parte de su cuartel general antes de que su líder entregase su vida a Jesús. El edificio terminó en manos de la familia actual de la iglesia (lo cual es una buena historia para otro día).

Pero sonaba como Judas cada vez que caminaba en el vestíbulo: "Porque esto podía haberse vendido a gran precio, y haberse dado a los pobres".[10]

¿Y sabes qué? Tanto Judas como yo teníamos razón. Pero decir lo correcto con el corazón equivocado automáticamente lo convierte en algo equivocado. Así que una vez más, Dios desafió mi actitud. No porque sea un embaucador, más porque es un buen padre, y los buenos padres disciplinan a sus hijos.

Estaba en el piso en un momento de adoración, pretendiendo ser más santo que otros, cuando el Señor me preguntó: "¿Darías tu vida por los Estados Unidos?".

"Dios", le dije, mientras miraba confundido al techo, "sabes que he sido llamado a África, a América Latina, y a los más pobres entre los pobres. ¿Por qué iba a dar mi vida por América? Él respondió: "¿Por qué te enviaría a África y América Latina, que naturalmente estás inclinado a glorificar, y no te llevaría a los Estados Unidos, lo cual naturalmente te inclina a criticar?". "Lo entiendo, Dios", respondí. "¿Pero realmente tienes que responder a todas las preguntas con una pregunta? ¿Eres tú hablando? Puede que me esté volviendo loco".

Aun así, sabía que si me estaba volviendo loco, era el tipo correcto de locura. Ese día descubrí uno de los lemas de mi vida, a través del gran Henri Nouwen: "Para [Jesús] no hay países para ser conquistados, ni ideologías para imponer, ni personas para ser dominadas. Solo hay niños, mujeres y hombres para ser amados".[11]

Supe en ese momento que era mi deber vivir en Estados Unidos y predicar en la iglesia estadounidense. Hoy, algunos de mis mejores amigos, mis programas de televisión favoritos y mis mayores influenciadores provienen de esta gloriosa tierra. Han pasado ocho años siguiendo el consejo del apóstol Pablo cuando dijo: "*Me he hecho débil a los débiles, para ganar a los débiles; a todos me he hecho de todo, para que de todos modos salve a algunos*".[12].

También han pasado ocho años de darme cuenta de que me han llamado a desafiar el nacionalismo en América, al tiempo que dejo que América desafíe al nacionalista en mí. Estas personas maravillosas tienen tanto que darme y yo tengo tanto que aprender de ellas. Estar al tanto de las cosas que necesitan corrección no nos convierte automáticamente en correctores... la mayoría de las veces, como se citaba al gran evangelista estadounidense Billy Graham, diciendo: "Es trabajo del Espíritu Santo traer a convicción, el trabajo de Dios es juzgar, y mi trabajo es amar".[13]

Deja que el amor continúe.

Admitir que estamos perdidos es el primer paso para abrazar el rescate de Jesús. Y para nosotros aquí en Estados Unidos, Canadá y el Reino Unido, admitir que el cristianismo occidental nos ha hecho cautivos de nuestro nacionalismo nos ayudará a redescubrir al Cristo que salva a musulmanes, budistas, ateos y cristianos con el mismo amor y convicción.

Como Pablo advirtió a la gente en la ciudad capital del Imperio Romano: "*Mas os ruego, hermanos, que os fijéis en los que causan divisiones y tropiezos en contra de la doctrina que vosotros habéis aprendido, y que os apartéis de ellos*"[14].

La doctrina enseñada por Pablo fue una de inclusión; de aceptar a los gentiles como personas injertadas en la vid. A su vez, debemos evitar la inclinación natural a valorar nuestra etnia por encima de los demás. Necesitamos evitar los obstáculos creados por la retórica nacionalista y una perspectiva abrumadora, porque lo más ridículo que podríamos hacer sería utilizar una fe que nos incluya a los gentiles como una herramienta para tratar a los demás como no miembros no invitados. Eso sería una contradicción directa al mensaje que nos llegó. Así que deja que el amor continúe.

Notas

1. Derek W. Webb, "Un rey y un reino", Mockingbird, INO Records, 2005.
2. Entrevista con Gregory Boyle. "Prevención de la violencia de pandillas: por qué los niños se vuelven violentos", PsychAlive. https://www.psychalive.org/preventing-gang-violence-why-kids-become-violent/. (Consultado el 29 de marzo de 2017).
3. Juan 15:13.
4. A. V. "¿Quiénes son los samaritanos y por qué su futuro es incierto?" The Economist, 18 de octubre de 2016, http://www.economist.com/blogs/economist-explains/2016/10/economist-explain-14. (Consultado el 28 de marzo de 2017).
5. Lucas 10: 30-37.
6. Martin Luther King Jr., sermón "He estado en la cima de la montaña", pronunciado el 3 de abril de 1968 en Memphis, Tennessee, http://kingencyclopedia.stanford.edu/encyclopedia/documentsentry / ive_been_to_the_mountaintop /. (Consultado el 27 de marzo de 2017).
7. Ver Génesis 22:18.
8. Apocalipsis 14: 6.
9. Stanley Hauerwas, En buena compañía: La Iglesia como Polis (Notre Dame, IN: Notre Dame Press, 1995).
10. Ver Mateo 26: 9; Marcos 14: 5; Juan 12: 5.
11. Henry Nouwen, Peacework: Prayer, Resistance, Community (Maryknoll, NY: Orbis Books, 2005), 94.
12. 1 Corintios 9:22.
13. Sandra Chambers, "Billy Graham: Un testigo fiel", Noticias de Carisma, 7 de noviembre de 2013, http://www.charismanews.com/us/41684-billy-graham-a-faithful-witness. (Consultado el 29 de marzo de 2017).
14. Romanos 16:17.

36

LAS VIDAS GENTILES IMPORTAN

"La medida definitiva de un hombre no está cuando se encuentra en momentos de comodidad y conveniencia, sino cuando se encuentra en momentos de desafío y controversia".[1]
—Martin Luther King, Jr.

No impliques que el apóstol Pedro tuvo un problema con el racismo. Deja que el apóstol Pablo haga eso. En público. Y para siempre registrado en la Biblia. Este es Saúl vs. Simón en Gálatas 2: 11-13:

> *Pero cuando Pedro vino a Antioquía, le resistí cara a cara, porque era de condenar. Pues antes que viniesen algunos de parte de Jacobo, comía con los gentiles; pero después que vinieron, se retraía y se apartaba, porque tenía miedo de los de la circuncisión. Y en su simulación participaban también los otros judíos, de tal manera que aun Bernabé fue también arrastrado por la hipocresía de ellos.*

Pablo le gritó a su amigo por ser un líder condenado e hipócrita que no se relacionaría con los gentiles (incircuncisos) en Antioquía. Pedro disfrutaba del privilegio de ser judío, pero Pablo lo desafiaba a usar ese privilegio para siempre. ¿Ves racismo en las acciones de Pedro? Tal vez la definición oficial de la palabra ayudará a explicar lo que estoy tratando de decir sobre él.

Racismo (sustantivo): "La creencia de que todos los miembros de cada raza poseen características o habilidades específicas para esa raza, especialmente para distinguirla como inferior o superior a otra raza o razas".

Eso se parece un poco a Pedro, un hombre nacido y criado en la creencia de que el pueblo judío fue elegido, especial y superior, un hombre que había leído las historias de Jehová ordenando la destrucción de las mujeres y niños que no eran la semilla de Abraham, y un hombre que había cantado los salmos que celebraban el lugar de favor de Israel. Y luego ese hombre pasó tres años con el Mesías judío. Fue elegido por ese Mesías para ser el líder de su grupo. Él vio que el Mesías ascendió a los cielos, y recibió el mismo Espíritu que el Mesías envió. Sí, Pedro el apóstol tenía todas las razones para creer que su raza era superior a las otras razas. Había leído la Palabra de Dios, se había encontrado con la Palabra de Dios y estaba lleno de la Palabra de Dios. Y su interpretación era que los gentiles no importaban tanto como él.

No los samaritanos. No los griegos. Y definitivamente no los romanos.

No estoy juzgando a Pedro aquí. Dios sabe que tengo mi propio racismo para tratar. Hay mentiras en el interior que me dicen que ser cristiano es superior, ciudadano estadounidense es superior, latino es superior, yo soy superior. Y al igual que Pedro, necesito renovar mi perspectiva.

La Roca tuvo su cosmovisión confrontada en una revelación. Leemos en Hechos 10 que Pedro cayó en trance. Vio que los cielos se abrían y algo que parecía una gran manta bajada por cuerdas en sus cuatro esquinas se asentaba en el suelo. Todo tipo de animal y reptil y pájaro estaba en él. Y le llegó una voz:

> *"Y le vino una voz: Levántate, Pedro, mata y come. Entonces Pedro dijo: Señor, no; porque ninguna cosa común o inmunda he comido jamás".*[2]

Verás, este era Dios usando el prejuicio de Pedro para hablarle al corazón a Pedro, porque fue Pedro quien vio a los gentiles como una raza animal menor. En el versículo 15, la voz vino por segunda vez: *"Volvió la voz a él la segunda vez: Lo que Dios limpió, no lo llames tú común"*.

Esto sucedió tres veces, y luego la manta se levantó hacia el cielo.

Este evento ocurrió para que Pedro estuviera abierto a la idea de entrar en la casa de un centurión romano llamado Cornelio, quien había sido preparado por Dios para escuchar el evangelio y ser lleno del Espíritu Santo.

Siempre me pregunté por qué Dios no solo le decía las buenas nuevas directamente a Cornelio. Ahora tengo una santa sospecha: Dios quería salvar a Cornelio, pero también quería salvar a Pedro. Quería salvar al pescador predicador de una vida perdida en buenas noticias solo para su pueblo, su raza y sus pocos preseleccionados. Dios estaba confrontando la hipocresía y el racismo de Pedro. No tengo dudas de que Dios lo amaba tal como era, pero que había algo mejor disponible para él. Gracias a Dios Pedro fue obediente a la invitación del cielo. Fue a la casa de Cornelio, y una vez allí, comenzó su sermón, diciendo: *"Entonces Pedro, abriendo la boca, dijo: En verdad comprendo que Dios no hace acepción de personas"*.[3]

Parecía entender realmente. Aunque luego lo olvidó. Porque treinta y tantos años más tarde, Pablo lo está corrigiendo por mostrar parcialidad de nuevo. Cuando los judíos no cristianos en Jerusalén escucharon que Pedro, un prominente líder de la iglesia, estaba comiendo con los gentiles en Antioquía, no solo se alejarían de la iglesia, sino que también se volverían activamente hostiles hacia la iglesia por tolerar tal práctica. Enfrentado a estas preocupaciones por su iglesia local y su misión a los judíos, Pedro actuó en contra de su propio juicio. Se separó de los gentiles.[4] Todos los creyentes judíos en Antioquía estaban subordinados a la autoridad de Pedro y siguieron su ejemplo. Como resultado, la iglesia se dividió en facciones raciales: los judíos fueron separados de los gentiles.

Estas acciones fueron inconsistentes con sus convicciones acerca de la verdad del evangelio. Sin embargo, todos ellos estaban más influenciados por su identidad racial común como judíos que por su nueva naturaleza en Cristo. Dejavu. Sabemos que Pedro fue un campeón de la fe que dio su vida por Jesús. Era valiente, humilde, decidido y radical. La historia de la Iglesia nos dice que fue crucificado al revés, porque no se consideraba digno de morir de la misma manera que murió su Salvador.

Jesús tenía razón acerca de Pedro; se mecía. Pero tuvo una lucha, al igual que nosotros. Esa lucha fue confrontada por Pablo, el apóstol de los gentiles, un hombre que no tenía miedo de decir a cada raza, cada pueblo, cada reunión, que los gentiles son importantes para Dios. Los gentiles ahora habían sido elegidos e incluidos, y valía la pena morir por ellos.

Por supuesto, Pablo sabía que todas las vidas importaban, pero Dios le dio una misión específica: #GentileLivesMatter. Me alegra que Pablo siguió la guía de Jesús para toda su vida. Si no lo hubiera hecho, no muchos de nosotros hubiéramos escuchado las buenas nuevas.

Tú ves, lleno del Espíritu Santo en Hechos 2:17, fue Simón Pedro quien anunció: "*Y en los postreros días, dice Dios, Derramaré de mi Espíritu sobre toda carne*".

Pedro sabía que el plan de Dios era que todos recibieran el Espíritu, sin embargo, esa creencia exigía relacionarse intencionalmente y conectarse con los gentiles para que lo recibieran. Era más que solo decir las palabras, también incluía estar cerca de ellas.

Pablo fue increíble en esto. Y también lo fue Pedro... cuando no tenía miedo de lo que otros hicieran o dijeran.

Notas

1. Martin Luther King Jr., Un regalo de amor: Sermones de la fortaleza al amor y otros preceptos (Boston: Beacon Press, 1963), 27.
2. Hechos 10: 13-14.
3. Hechos 10:34.
4. Ver Gálatas 2:12.

37

POLÍTICA SANTA

"La cruz no es un desvío o un obstáculo en el camino hacia el reino, ni siquiera es el camino hacia el reino; es el reino aquí".[1]
—John Howard Yoder

¿Sabes por qué las personas hablan tanto de política? Porque Dios colocó ese valor en nuestros corazones ... ¡oh sí, Él lo hizo!

Tú ves, la política no es el engendro de Satanás o el trabajo de la carne. Satanás ciertamente ha usado la política en el pasado, y nuestra carne ciertamente ha caído en sus trampas. Aun así, la política es importante, importante desde el punto de vista religioso, y Jesús es el maestro político.

Has notado que estoy en las definiciones, así que aquí está la definición de la palabra. **Política** (sustantivo): "Las actividades asociadas con el gobierno de un país u otra área, especialmente el debate o conflicto entre individuos o partidos que tienen o esperan alcanzar el poder".

Todos podemos coincidir en que es importante asistir a las *actividades relacionadas con la gobernación de un país o cualquier otra área.* ***Donde estamos en desacuerdo (y se vuelven feo)*** *es en el debate o conflicto entre individuos o partidos que tienen o esperan alcanzar el poder.*

Dios se preocupa por el bienestar de la humanidad (en cada país, religión y raza). El problema es que hemos reducido la política a lo que nos gusta (en cada país, religión y raza), en lugar de guiarnos por el Evangelio.

El problema central radica en la *esperanza de alcanzar el poder.* Es como si estuviéramos todos en el *Juego de Tronos* y Jesús es el único que está libre del próximo invierno. En el pasado, he caído bajo la ilusión de que Jesús no es político, pero la realidad es que Él es el más político de todos. Como escribió Eugene Peterson, "El evangelio de Jesucristo es más político de lo que nadie imagina, pero de una manera que nadie adivina".[2] Todo comenzó mucho más atrás cuando Jesús, *"el cual, siendo en forma de Dios, no estimó el ser igual a Dios como cosa a que aferrarse, sino que se despojó a sí mismo, tomando forma de siervo, hecho semejante a los hombres".*[3] El más alto eligió ser el más bajo. El poderoso eligió ser el ayudante. Y fue radicalmente activo en las actividades asociadas con el gobierno de un país u otra área, especialmente el debate o conflicto entre individuos o partes que tienen o esperan alcanzar el poder. Lo hizo de manera diferente a todos los otros líderes religiosos y políticos en la historia, pero no se equivoquen, Jesús es el Rey de Reyes y el Señor de Señores, y Él tiene una agenda singular. Varias veces, Jesús comenzó los anuncios de su reino diciendo: "Has oído decir..." y empezaba a debatir sobre los caminos de la era religiosa. Al tocar a los leprosos, dar poder a las mujeres y curar en el día de reposo, Jesús desafiaba el clima de su tiempo. Podemos pensar en los líderes judíos como los conservadores y los gobernantes romanos como los liberales; ambos tuvieron parte en matarlo, y ambos necesitaban (necesitaban) su dominio desesperadamente.

Sí, a Jesús le importa la política. Pero no nuestro tipo de política.

Nuestras agendas liberales y conservadoras se oponen a la agenda de Cristo. Queremos que funcione... pero simplemente no funciona. Ni el elefante ni el burro pueden representar al Cordero. Depende de nosotros, embajadores, no crear una nueva forma de ser políticamente cristianos, sino seguir la política de Cristo. La derecha y la izquierda siempre perderán un componente ineludible. Su objetivo final es ganar, gobernar, dominar, gobernar y controlar. Buscan poder; Jesús busca servir. Y Él nos dijo que hiciéramos lo mismo. Además, cada agenda política en la tierra tiene un oponente. La política de Jesús vino a eliminar enemigos convirtiéndolos en otra cosa. Y Él nos dijo que hiciéramos lo mismo:

"*Orad por los que os ultrajan y os persiguen*" (Mateo 5:44).

"*Orad por los que os calumnian*" (Lucas 6:28).

"*Amad a vuestros enemigos*" (Mateo 5:44).

"*Fui forastero, y me recogiste*" (ver Mateo 25: 35-40).

"*Haced discípulos a todas las naciones* (Mateo 28:19).

Si elegimos la política de Cristo, entonces puede comenzar una nueva reforma. Y no importa cómo votemos, podemos rendirnos a su estrategia de gracia.

Si queremos que el reino venga, entonces necesitamos que el Rey gobierne. Si queremos *en la tierra como en el cielo,* entonces debemos honrar las prioridades del cielo. La iglesia ha pasado dos mil años eligiendo Trumps y Clintons, Reagans y Obamas; podría ser el momento de elegir la agenda del Cristo que reclamamos como Monarca. Él no necesita nuestros votos, pero sí quiere nuestros corazones.

¿Obtendrá Él nuestra alianza?

Notas

1. John Howard Yoder, La política de Jesús (Grand Rapids, MI: Wm. B. Eerdmans, 1994), 51.
2. Eugene Peterson, Trueno invertido: La revelación de Juan y la imaginación orante (Nueva York: HarperOne, 1991), 117.
3. Filipenses 2: 6-7.

38

¿LIBERAL O CONSERVADOR?

"Cuando involucras al gobierno en programas religiosos... es como mezclar estiércol de caballo con helado. No le hará mucho al estiércol, pero realmente arruinará el helado".[1]
—Tony Campolo

El estudio de 2012 encontró que los cristianos de Estados Unidos en ambos lados de la división política creen que Jesús es más compasivo de lo que son ellos... *PTL.*

Los cristianos liberales tienden a creer que Jesús es más conservador que lo que lo son ellos en cuestiones morales, mientras que los cristianos conservadores creen que es más liberal. Sin embargo, la encuesta y el estudio de las Actas de la Academia Nacional de Ciencias también mostraron que "los cristianos liberales y conservadores también tienden a creer que los asuntos más importantes para Jesús son los más importantes para ellos".[2]

Me alegro de que haya un estudio para probar esto, pero estoy seguro de que Facebook y Twitter ya lo han corroborado. La mayoría de nosotros estamos convencidos de que Jesús votaría como nosotros votamos, pero reclamar a Jesús por un lado u otro es una necedad absoluta. Él gobierna fuera de todas nuestras cajas, religiosas y políticas por igual. Asumir que Él piensa como nosotros demuestra que nuestras opiniones son nuestro señor, no Él.

Cuando oramos, "Venga a nosotros tu reino", también estamos orando, "Dejen ir mi reino". Entonces, para deconstruir la mentira que vive dentro de todos nosotros, que grita, "ESTOY BIEN", aquí están diez versos que prueban que Jesús podría ser liberal y conservador.

Los primeros cinco son liberales:

1."*Bienaventurados los pacificadores, porque ellos serán llamados hijos de Dios.*" (Mateo 5: 9).

No a la guerra.

Sencillo.

2. "*Amad a vuestros enemigos*" (Mateo 5:44).

Sí.

Todos tus enemigos.

3. "*Otra vez os digo, que es más fácil pasar un camello por el ojo de una aguja, que entrar un rico en el reino de Dios.*" (Mateo 19:24).

Ten cuidado con la prosperidad.

Dales a los pobres.

4. "*Dad al César lo que es del César, y a Dios lo que es de Dios*" (Mateo 22:21).

No te quejes por pagar impuestos.

Sé genial con la separación de iglesia y estado.

5. "*Porque tuve hambre, y me disteis de comer; tuve sed, y me disteis de beber; fui forastero, y me recogisteis; estuve desnudo, y me cubristeis; enfermo, y me visitasteis; en la cárcel, y vinisteis a mí*" (Mateo 25: 35-36).

Dales a los necesitados.

Recibe a los refugiados.

Los siguientes cinco son conservadores:

1. "*Entonces Zaqueo, puesto en pie, dijo al Señor: He aquí, Señor, la mitad de mis bienes doy a los pobres; y si en algo he defraudado a alguno, se lo devuelvo cuadruplicado.*" (Lucas 19: 8). Dar es voluntario, no forzado.

2. "*Él, respondiendo, les dijo: ¿No habéis leído que el que los hizo al principio, varón y hembra los hizo, y dijo: Por esto el hombre dejará padre y madre, y se unirá a su mujer, y los dos serán una sola carne?*" (Mateo 19: 4-5).

No divorcio.

Matrimonio entre hombre y mujer.

3. "Después le halló Jesús en el templo, y le dijo: Mira, has sido sanado; no peques más, para que no te venga alguna cosa peor." (Juan 5:14).

El pecado es serio.

Cuidado con sus consecuencias.

4. "*Y si tu mano derecha te es ocasión de caer, córtala, y échala de ti; pues mejor te es que se pierda uno de tus miembros, y no que todo tu cuerpo sea echado al infierno.*" (Mateo 5:30).

Tranquilo, Jesús, tranquilo.

5. "*Yo soy el camino, y la verdad, y la vida.*" (Juan 14: 6).

No "un" camino, sino "el" camino.

La verdad suprema, en amor.

Las palabras de Jesús podrían interpretarse como liberales y conservadoras en un solo verso. En serio, ¡el tema principal de este libro prueba eso! Cuando salvó a la mujer que fue atrapada en el acto de adulterio, le dijo: "*Ni yo te condeno* (liberal), vete, *y de ahora en adelante no peques más* (conservador)".[3]

Entonces, vamos, iglesia. Tenemos que detener esta batalla ridícula de tratar de demostrar cuánto mejor interpretamos las Escrituras. Necesitamos eliminar las pequeñas divisiones de la política y centrarnos en las obras mayores de Cristo. Podemos ser familia... incluso mientras votamos de manera diferente. ¡Es posible! Solo pregunta a los discípulos de Jesús. Tuviste a Mateo, el recaudador de impuestos (que trabajó para el Imperio Romano) y Simón el Zelote (un terrorista que quería destruir ese imperio).

Jesús los amaba a los dos, los eligió a ambos y les dio poder a ambos.

La clave fue la *conversación*.

La necesidad sigue siendo *honor.*

El tiempo es *ahora.*

Los problemas del aborto, la desigualdad racial, la violencia con armas de fuego y el terrorismo (y todos los demás temas que nos importan) son radicalmente importantes. Es por eso que Jesús vino a salvarnos. Su evangelio es la buena noticia para todos los involucrados y afectados por estos problemas. Si esas no son las noticias que quieres escuchar, entonces mantente en BBC, CNN o Fox, y deja el reino de Dios por encima de todo. Porque confía en mí (y puedo garantizarte esto) ... Jesús ya está por encima de eso.

¡Diles otra vez, Brian Zahnd!

> El reino de Cristo es la política más revolucionaria, tal vez la única política verdaderamente revolucionaria, que el mundo haya visto jamás. A diferencia de todas las demás agendas políticas, el valor supremo de la política de Jesús no es el poder, sino el amor. Jesús rechaza la política del poder por la política de amor.[4]

Notas:

1. Tony Campoli, Speaking My Mind (Nashville, TN: W Publishing Group, 2005).
2. Lee D. Ross, Yphtack Leikes, y Alexander G. Russell, "Cómo los cristianos reconcilian sus puntos de vista políticos personales y las enseñanzas de su fe: la proyección como un medio de reducción de la disonancia", Actas de la Academia Nacional de Ciencias de los Estados Unidos States of America, pnas.org, 6 de marzo de 2012, http://www.pnas.org/content/109/10/3616.full. (Consultado el 28 de marzo de 2017.)
3. Juan 8:11.
4. Brian Zahnd, "La revolución de Jesús", Brian Zahnd (blog), 1 de julio de 2016, https: //brianzahnd.com/2016/07/the-jesus-revolution/. (Consultado el 27 de marzo de 2017).

39

LA BATALLA DE LA RELIGIÓN FALSA

"No importa lo que pensemos que estamos diciendo, es lo que otros escuchan".[1]
—*Carl Medearis*

Hace seis años me paré dentro de una iglesia en una nación musulmana y grité a todo pulmón: "¡Allahu Akbar!" (¡Dios es grandioso!). Lo dije porque quería ser relevante para mi audiencia criada en una cultura musulmana, así que utilicé este término árabe específico que había escuchado en la televisión. Y fue una de las cosas más tontas que he hecho.

Mi deseo sincero era la conexión. Ya había estado usando, "As-salamu Alaykum", un conocido saludo árabe que se traduce como, "la paz sea contigo", pero sobre todo se usa como "hola". Todos parecían disfrutar del hecho de que yo decía eso, entonces decidí probar un poco más. Durante mi saludo en la primera oportunidad que tuve de predicar, dije en el micrófono, "As-salamu Alaykum" y con una sonrisa en sus rostros, todos los presentes respondieron: "Wa alaykumu s-salam".

¡Bum!

Estoy dentro.

Entonces, con confianza dije mi segundo término ensayado, "Allahu Akbar" que para mí fue, "Dios es grande" (porque esa era la traducción en subtítulo amarillo que había visto múltiples veces en películas de Hollywood). Pero lo que me escucharon decir fue: "¡Es hora de que todos ustedes mueran!"

Abucheo.

Estoy fuera.

Verás. "Allahu Akbar" es una expresión árabe islámica ampliamente utilizada por los musulmanes. Se le traduce comúnmente en inglés como "Dios es más grande". No en todas partes del mundo musulmán, sino específicamente en África occidental, esta frase a menudo se asocia con el extremismo islámico; sobre todo debido a su uso generalizado por los yihadistas como un grito de batalla antes de cometer un acto de terrorismo.

Así que sí.

En mi presentación ante más de 100 líderes, muchos de los cuales han sido perseguidos por predicar el evangelio de Jesús, hice una invitación específica al asesinato de "infieles", es decir, todos los que estaban sentados frente a mí. Mi traductor se paralizó. Los pastores en la primera fila perdieron la habilidad de parpadear. Supuse que no me habían escuchado bien, así que hice lo que cualquier buen predicador haría en este escenario; lo repetí más fuerte: «¡Allaaahuuuu Akbarrrrr!».

Silencio absoluto.

Nadie respondió.

Nadie se movió.

Y afortunadamente, nadie murió.

Decidí que su árabe no estaba a la par del mío, así que seguí con la lectura de la Biblia. Cuando más tarde descubrí lo increíblemente ingenuo que fue ese momento, ¡decidí dejar de predicar para siempre! Pero los líderes allí me amaron a pesar de él y siguieron dándome oportunidades para compartir más. (Acabo de encontrar una introducción más apropiada y dejé de confiar en Hollywood con mis traducciones). Hoy, estas personas son socios, mi familia africana, la misión que más quiero en mi corazón. Debido a su gracia (y debido a la magnitud de mi ignorancia), esta historia solía ser divertida.

Pero en 2015, personas que gritaban "¡Allahu Akbar!" quemaron ese edificio específico de la iglesia e intentaron matar a mis amigos. Este lugar de adoración donde he predicado el amor de Dios ahora está en ruinas. Las casas donde comía y descansaba ya no existen. Debido al odio entre cristianos y musulmanes en esa área, mis amigos están corriendo por sus vidas.

Loco ¿verdad? Pero este es el mundo en el que vivimos; y en él, Jesús es la única esperanza.

Ten en cuenta que digo Jesús, como en el-Salvador-Maestro-nacido-en-Belén Jesús. No es el Jesús occidental que me hace rico, seguro y exitoso.

Yo hablo del Hijo de Dios, El Capitán de la salvación, El Señor de los ejércitos. El que murió por Osama, Obama, Osteen, Oprah y todos los hombres que quemaron la iglesia de mis amigos. Sí, ese que Jesús dijo que pusiera la otra mejilla. Ese Jesús que dijo que los pacificadores serían los hijos de Dios. Ese Jesús es la única esperanza. Lo más fácil para mí es odiar a los yihadistas radicales que hicieron esto; odiar a Boko Haram, ISIS y los talibanes. Sin embargo, sería sabio aprender de Jesús, para revisar la forma en que se dirigió a su entorno, y cómo abordó los asuntos de su vida.

No soy un experto en política o en cuestiones mundiales, solo quiero recordar, como cristiano, las cosas que hizo Cristo... las palabras que Cristo dijo... y el amor que es Cristo. El mandato es amar a nuestros vecinos musulmanes e incluso a nuestros enemigos musulmanes.

Como Nathan Hamm tuitea cada vez que necesitamos recordar: "El amor es como Cristo, la islamofobia es anti Cristo".[2]

Además, Jesús nunca se dirigió a las religiones radicales; Él nos invitó a la gracia radical. Él nunca juzgó la religión del pueblo samaritano. Realmente se desvió de su camino para acercárseles, enseñarles y amarlos. Y si hay indicios de islamofobia en Occidente, ¿no tendría la gente de Oriente Medio cristianofobia? Es difícil de admitir, pero en nombre de Dios, los cristianos han liderado crudas inquisiciones, pogromos, conquistas imperialistas, esclavitud, guerras recientes, y holocaustos. Hemos usado versículos de la Biblia para justificarlo todo. Escuchamos a los líderes cristianos que nos dijeron que era lo más piadoso que debía hacerse. Y aunque siempre ha habido creyentes que se han resistido a estos movimientos vergonzosos, demasiados cristianos aceptaron el odio y desperdiciaron recursos para difundir esa versión retorcida de las buenas nuevas.

Hemos predicado "Jesús es la respuesta", pero vivimos como si Él no lo fuera. Así que estoy orando por nuestra generación. Para que tengamos una respuesta diferente. Prueba con un método diferente (que en realidad es el método original). En este momento, parece que el sistema mundial está pidiendo una nueva guerra religiosa. Los gruñidos están en el aire, sin embargo, lo único que los seguidores de Cristo debemos luchar es la tentación de "nosotros contra ellos", "cristiano contra musulmán", "Allahu Akbar contra Dios es grandioso". No soy diciendo que el Islam está en lo correcto, solo digo que quiero enfocarme en las formas en que creo que el cristianismo está en lo correcto. ¿Cómo responden los seguidores estadounidenses de Jesús a la escalada del odio y la violencia? ¿Qué vamos a hacer si los musulmanes comienzan a ser señalados y registrados en los Estados Unidos? ¿Qué haría Jesús si viviera en América en el siglo veintiuno? Muestra amor y enseña paz Respalda la libertad religiosa. Y luego realmente sirve e involucra a nuestros amigos y enemigos musulmanes.

Como mi buen amigo, el gran teólogo Bob Ekblad, escribió:

> Cuando Santiago y Juan le preguntan a Jesús si deberían invocar al fuego del cielo para que consuma a los samaritanos, Jesús los reprende diciendo: " Vosotros no sabéis de qué espíritu sois; porque el Hijo del Hombre no ha venido para perder las almas de los hombres, sino para salvarlas. Y se fueron a otra aldea" (Lucas 9: 55-56).
>
> Quienes siguen a Jesús necesitan el poder del Espíritu Santo para amar a nuestro prójimo, amar a nuestros enemigos y buscar activamente la comprensión y la reconciliación. Esto incluye primero quitar el tronco de nuestros propios ojos al confesar nuestro pecado y renunciar a nuestra violencia y odio. Debemos rechazar nuestra propensión natural a juzgar al otro y buscar, en su lugar, el entendimiento con cualquiera que etiquetemos como "delincuente".[3]

He conocido a muchos musulmanes, y casi todos ellos han abierto sus corazones hacia mí en relación y hospitalidad. Cada mes participo intencionalmente en una comida de confraternidad musulmana-cristiana. A veces es dentro de una mezquita. Otras veces dentro de una iglesia. Pero cada vez que voy, siento el placer de Dios. Claro, pensamos diferente sobre la salvación y el mundo, y estoy persuadido de mostrarles los caminos de Cristo, pero lo hago convencido de que Dios los ama tanto como me ama a mí.

Jesús no prefiere a los cristianos sobre los musulmanes.

Jesús no ama a los creyentes más de lo que ama a los no creyentes. No estamos llamados a ser pro cristianos, sino semejantes a Cristo.

Entonces, como pastor cristiano, renuncio a la islamofobia y elijo nuevamente el plan maestro del maravilloso Consejero. El miedo no elegirá cómo amo. El Sermón del Monte ya lo hizo.

Notas

1. Carl Medearis, formas sencillas de llegar a los musulmanes (Bloomington, MN: Bethany House, 2008), ebook.
2. Nathan Hamm, publicación de Twitter, 15 de noviembre de 2015, 2:37 p.m., http:// twitter.com/ NathanHamm.
3. Bob Ekbad, "No soy Charlie: una respuesta cristiana a los asesinatos en París", Bob & Gracie Ekblad (blog), 12 de enero de 2015, http://www.bobekblad.com/i-am-not- charlie-a-christian- response-to-the-killingings-in-paris /. (Consultado el 27 de marzo de 2017).

40

TRAZA LA LÍNEA EN ALGÚN SITIO

"Ser cristiano significa perdonar lo inexcusable en los demás, porque Dios ha perdonado lo inexcusable en ti".[1]
—*C. S. Lewis*

Jesús ama a las personas que odiamos, así que aquí hay un gran "¿y si?". ¿Qué pasaría si nuestra respuesta más fuerte al terrorismo en casa es la misericordia en el extranjero? ¿Qué pasaría si el camino a seguir con los fusilamientos masivos fuera declarar el perdón masivo? ¿Qué pasaría si apoyáramos a las personas quebrantadas y lastimadas del Medio Oriente mientras apoyamos a las personas rotas y heridas del mundo occidental? ¿Qué pasaría si, en lugar de invertir todo ese dinero en política y guerra, "invadiéramos" a cada una de nuestras naciones "enemigas" y usásemos ese dinero para construir refugios y escuelas, fuentes de agua potable y clínicas? Creo en responder a estos "¿y si?" con la estrategia del Nuevo Testamento:

1. *"Pero yo os digo: No resistáis al que es malo; antes, a cualquiera que te hiera en la mejilla derecha, vuélvele también la otra."* -Jesús (Mateo 5:39).
2. *"No seas vencido de lo malo, sino vence con el bien el mal..."* -Pablo (Romanos 12:21).

3. *"Porque la ira del hombre no obra la justicia de Dios."* -Santiago (Santiago 1:20).

El Nuevo Testamento nos da suficiente material para seguir y seguir. Como ves, la única manera de vencer el terrorismo radical islámico o el fundamentalismo radical en el cristianismo (o cualquier otro tipo de extremismo radical) es amar radicalmente. Y el evangelio (nuestro manifiesto y constitución) está lleno de este tipo de amor radical.

El Nuevo Testamento fue escrito en un tiempo en el que los creyentes eran perseguidos y martirizados, cuando su entorno era caótico y sus vidas estaban en peligro, cada día.

Ellos también tenían razones válidas para odiar y tomar represalias. Estos cristianos del primer siglo estaban perdiendo sus hogares, sus hijos y su paz. Estuvieron rodeados de terroristas religiosos que los asesinaron y terroristas políticos que los persiguieron. Sin embargo, fueron en la dirección opuesta; resistieron la tentación de usar las herramientas de Satanás. Demostraron perdón y compasión, incluso cuando el odio y la guerra hubieran sido una respuesta apropiada.

Ellos modelaron a su Mesías, no a Roma.

Verás, Saulo de Tarso era un terrorista. Antes de su conversión milagrosa, el escritor de más del 40 por ciento del Nuevo Testamento era una especie de Al-Qaeda o ISIS. El primer martirio cristiano sucedió bajo su autoridad. La víctima fue Esteban, un joven cuyo único crimen fue predicar a Jesús. Su recompensa "justa" fue un asesinato legal (atrapado dentro de un agujero, mientras que las rocas desfiguraron su cabeza).

Espantoso.

Sin embargo, cuando Esteban respiraba por última vez, le pidió a Dios que perdonara a los que lo estaban matando. Él oró, mientras estaba mutilado hasta la muerte, *"Y puesto de rodillas, clamó a gran voz: "Señor, no les tomes en cuenta este pecado."*[2] El Padre escuchó esa oración, se complació con ella y la respondió al revelarse a Saulo, el comandante de los lanzadores de piedras. Él es ahora y para siempre el apóstol Pablo.

Estupendo.

Si de alguna manera este capítulo te suena ridículo... bueno, ¡bienvenido a mi mundo! Cuando ocurren ataques terroristas, pienso en mi propia familia y todo lo que quiero es protegerlos a toda costa, de eso y de cualquier otro mal. Pero el camino de la cruz es una contradicción absoluta de la naturaleza humana (es parte de nuestra nueva naturaleza como nueva creación). Es por eso que la Biblia dice *"a nadie conocemos según la carne"*[3] porque Jesús no ve a nuestros enemigos como sus enemigos, y su cuerpo en una cruz era la carta de amor de Dios para ellos. Si pensamos que las palabras de Jesús se aplican a los individuos, pero no a las naciones, entonces simplemente deberíamos llamarlo "entrenador de vida", no Rey y Salvador. Entonces pregunto nuevamente, ¿qué experimentarían los yihadistas si los cristianos tomáramos a Cristo literalmente? *"Haced bien a los que os aborrecen; bendecid a los que os maldicen, y orad por los que os calumnian"*.[4]

Jesús lo dijo sobre el cruel Imperio Romano de su tiempo, tanto como lo dice sobre el malvado ISIS nuestro. Sí, sigamos orando por las víctimas y sus familias. Vamos a bendecir a nuestros gobiernos para que respondan con sabiduría. Defendamos a las comunidades afectadas en estos momentos de dolor y tristeza. Apoya a las organizaciones que asisten a la iglesia perseguida. Y oremos por nuestros amigos musulmanes de todo el mundo. Como el primer mártir de nuestra fe oró, decimos unánimemente: "¡Señor, no les tomes en cuenta este pecado!".

Notas

1. C. S. Lewis, El peso de la gloria (Nueva York: Harper Collins Publishing, 1976), 182.
2. Hechos 7:60.
3. 2 Corintios 5:16.
4. Lucas 6: 27-28.

41

SER "PRO-" DE LA FORMA APROPIADA

"Hay tres etapas en cada gran obra de Dios; primero es imposible, luego es difícil, luego está hecho".[1]
—James Hudson Taylor

Sería el mayor "problema" en la historia de nuestra nación. Todos los 664,435 bebés no deseados, vivos, no abortados y listos para ser amados. Así es como muchos abortos se realizaron en Estados Unidos en 2013.

Querida iglesia, ¿estás lista para recibirlos?

Me gusta lo que Smith Wigglesworth solía decir: "El Libro de los Hechos fue escrito, solo porque los apóstoles actuaron".[2]

Cada ciclo electoral parece destacar la importante conversación entre pro-vida y pro-elección. Pero este capítulo no tiene nada que ver con lo que un político podría hacer (porque los políticos van y vienen), esta es una invitación al cuerpo de Cristo... mucho más allá de lo que sucede en nuestras elecciones o fuera de ellas.

Si queremos detener el aborto, entonces debemos adoptar plenamente la adopción. No la teoría, sino la práctica. Cuesta aproximadamente cuatrocientos dólares por un aborto, y cuarenta mil dólares por una adopción.

Querida iglesia, ¿estamos listos para invertir?

Si deseamos dejar sin fondos a *Planned Parenthood (Planificación de la familia)*, necesitamos asumir responsabilidad por todos los demás servicios útiles que brinda a las familias de bajos ingresos. Si queremos llamarnos a nosotros mismos pro-vida, entonces debemos ser pro-vida de todos, aquellos en el útero, los que están en Siria y los que están en nuestro sistema penitenciario. Nuestra compasión no puede terminar después de nueve meses. Si lo hace, entonces deberíamos etiquetarnos a nosotros mismos como "pro-nacimiento", y después del nacimiento, etiquetarnos a nosotros mismos como "pro-yo".

Sí, ¡el aborto es malo! Y desearía poder utilizar otro adjetivo, algo menos ofensivo para los lectores que están de acuerdo con él, pero como padre de dos hijos no puedo encontrar otra palabra para describir la opción de detener el ruido. Escuchar el sonido de los latidos de mi hijo fue la música más hermosa que he escuchado; el ritmo y la velocidad hicieron que mi corazón bailara de manera diferente. Fue como si escuchara a Dios cantar, y desde ese momento en adelante, todo en mí abrazó el privilegio de ser padre. Veintidós días después de la concepción, los corazones de mis bebés estaban bombeando.

Bombeando.

Y es difícil pensar que en la tierra en la que vivimos, sea legal y rentable apagar esa música. Como dijo Mahatma Gandhi: "Me parece tan claro como la luz del día que el aborto sería un crimen".[3]

Sin embargo, en medio de mi justa ira, debo recordar que Jesús también murió por ellos, y aún los ama a la perfección. Jesús es pro-su vida. No hay duda de que Dios temerosa y maravillosamente hizo a cada mujer que ha tenido un aborto, a cada hombre que ha presionado por uno, y a cada uno de nosotros que los juzgó por ello.

Entonces mi respuesta tiene que venir de afuera de mí.

Mis opiniones no cambiarán nada; tengo que tomar el enfoque de Dios.

No quiero ser el pastor / padre / autor que solo habla sobre lo que está mal o derecho o izquierdo o Cristo. No quiero presionar mis valores sobre los demás mientras convierto tales grandes temas en artículos de novecientas palabras para Facebook y HappySonship.com. Sí, mi reacción natural es enojarme, señalar con el dedo y hacer un llamado a la acción contra estos actos (y hay un lugar adecuado para eso).

Pero más que nada, quiero abrumar lo malicioso con lo maravilloso.

Así es como lo hizo Jesús. Esa es la agenda de gracia. Eso cambiará el mundo.

El gran Brennan Manning lo dijo así:

> El peligro de la posición pro-vida, que apoyo vigorosamente, es que puede ser alarmantemente selectivo. Los derechos del no nacido y la dignidad de los viejos son piezas del mismo tejido pro vida. Lloramos por la destrucción injustificada del nonato. ¿También lloramos cuando las noticias de la tarde informaron desde Arkansas que una familia negra había sido asesinada fuera de un barrio blanco?
>
> Cuando alabamos la vida y arruinamos a los abortistas, nuestra credibilidad como cristianos es cuestionable. Por un lado, proclamamos el amor y la angustia, el dolor y la alegría que conlleva formar a un solo niño. Proclamamos cuán preciosa es cada vida para Dios y debería ser para nosotros. Por otro lado, cuando es el enemigo el que grita al cielo con su carne en llamas, no lloramos, no estamos avergonzados; clamamos por más.[4]

Creo que es nuestro derecho hablar claro. Nuestra comprensión del aborto como asesinato tiene un lugar en el discurso nacional. Sin embargo, es hora de que la iglesia adopte la última llamada en este debate pro-vida / pro-opción:

Adopción.

Ver el problema como si no hubiera niños no deseados, simplemente familias no encontradas. Catherine y yo hemos estado en un viaje de adopción durante los últimos cinco años. Ha sido un torbellino de emociones que ha costado miles de dólares y grandes cantidades de tiempo y energía. Todavía hay mucho por hacer. Y muchas veces sentimos ganas de darnos por vencidos, pero no encontramos otro lugar en Dios que se sienta tan real y tan bien (y que valga la pena).

También tenemos que entender que diferentes situaciones llevan a una mujer a un centro de aborto. Cada madre aspirante tiene una historia que necesita ser escuchada. No debemos esperar que escojan la vida porque les arrojamos versículos de la Biblia y las "motivamos" con nuestra moralidad. Nuestros votos no cambiarán sus corazones.

Nuestro camino es la adopción. Nuestro método es amor. Y con ellos, podemos hacer que el aborto sea obsoleto. Seamos la respuesta cada vez que haya un embarazo no deseado. Amy Ford y Embrace Grace ayudan cuando quieren quedarse con el bebé, y tú puedes ser la solución cuando no lo hacen.

Además, nuestra generación necesita hablar abiertamente sobre sexo, abstinencia y control de natalidad; nosotros, los líderes de la fe, debemos preocuparnos menos por predicar la ley y ser más intencionales acerca de vivir el Evangelio en estos tiempos y para esta generación. Debemos poner nuestro dinero y nuestros recursos en los hogares y las subvenciones para la adopción, y brindar asistencia legítima a las personas que son padres de crianza temporal. Creo que en nuestro tiempo veremos todos los centros de *Planned Parenthood* llenos de creyentes que están listos para ayudar, ayudar, adoptar, cuidar y amar... tanto a los santos dentro del útero como a los santos que están fuera de él.

¿Estás listo para abrir tu casa a uno de los 664,435?

Estamos listos para el libro de Hechos 2.0.

Notas

1. Citado en Leslie T. Lyall, Una Pasión por lo Imposible (Londres: OMF Books, 1965), 5.
2. Smith Wigglesworth, Smith Wigglesworth Devotional (Nueva Kensington, Pensilvania: Whitaker House, 1999), 18.
3. M. K. Gandhi, Self-Restraint v. Self-Indulgence (Ahmedabad, India: Nabu Press, 1947), 156.
4. Brennan Manning, The Ragamuffin Gospel: Buenas noticias para los desaliñados, golpeados y quemados (Colorado Springs: Multnomah Books, 2008), 136.

42

¿QUIÉN ES ÉL REALMENTE?

"El señor no es lento para cumplir su promesa como algunos son lentos contando, sino es paciente contigo, no deseando que algo perezca, sino que todo alcance".
—Apóstol Pedro

Abba. Salvador. Rey. Maestro. Amigo... una y otra vez podríamos ir. Sin embargo, en última instancia, y puedo decir esto con confianza como un nuevo líder cristiano que cree en la Biblia del pacto, Dios *es* amor. Su misma naturaleza y esencia es amor. Su fuerza motriz y motivación es amor. Y la forma en que actúa y reacciona son las manifestaciones de su amor perfecto por nosotros.

Cada otro filtro utilizado para explicar a Dios (fuera del amor) es un filtro que necesita el amor de Dios. Ahora, probablemente hayas averiguado esto mientras lees este libro, pero todavía estoy tratando de resolver las cosas. Mi mejor respuesta teológica para la mayoría de las cosas es: "No sé". Sin embargo, hay una certeza en mi vida, la única definitiva sobre la que puedo edificar mi familia y mi ministerio: su nombre es Jesús y Jesús es amor. La familia de Padre, Hijo y Espíritu Santo nos ha incluido en esta muestra eterna de afecto y honor. No solo su lenguaje, sino su experiencia completa. Y lo maravilloso es que Jesús no vino a la tierra solo para validar la información de que *Dios es amor*... Vino a manifestarlo plenamente. Y somos su exhibición gloriosa.

Cuando los maestros juzgan, Jesús les da la bienvenida. Cuando los fariseos condenan, Jesús perdona. Cuando los escribas rechazan, Jesús sana. Si este no es el Cristo al que servimos, entonces deja de llamarme cristiano.

Además, a este Jesús le gusta ir al club de striptease. Y sé que esto es cierto porque mi amiga Rochelle entra allí con él. Ella solía ser una stripper ella misma. Las drogas, el abuso y la necesidad de ser amado la llevaron al lugar donde desnudarse parecía ser su única opción. Ella bailaba para los hombres; ella lloró por la libertad; ella se encontró con Cristo.

Ahora Rochelle dirige Lipstick Ministries. Van a clubes de striptease en Carolina del Norte y entregan bolsas de lápiz labial, artículos de tocador y otros productos femeninos a las bailarinas. Brindan palabras de aliento a las bailarinas justo antes de subir al escenario. Rezan por los hijos de las bailarinas, por sus familias y por su futuro. Entran en clubes de striptease y salones de masaje erótico, totalmente cargadas con el amor de Dios, y con ese amor (y su propio testimonio de libertad) dan esperanza a las bailarinas. Tienen innumerables testimonios de vidas cambiadas. Y lo hacen al revelar (a través de la ternura y la acción) al Cristo de Juan 8. Tenemos innumerables razones para juzgar a esta mujer... y una sola razón para no: Jesús mismo: su ejemplo, su invitación, su evangelio de amor.

Necesito ejemplos radicales de amor como este porque tengo una tendencia a ser más farisaico que cristiano. Desarrollé una nueva disciplina espiritual que quiero compartir contigo. Se llama soltar piedra. Cada vez que mi cerebro entra en una urgente sobrecarga de juzgar, me imagino agarrando todos esos pensamientos (piedras) de mi mente y liberándolos fuera de mí. Yo literalmente lo exteriorizo. Tomo mi mano derecha, hago un movimiento de barrido sobre mi cabeza (como si estuviera recogiendo piedras del suelo), y luego extiendo mi mano y libero mi agarre (liberando todas esas piedras de mi mano).

Hago esto a lo largo del día, mientras conduzco hacia el trabajo, mientras estoy viendo las noticias, mientras escucho oraciones con las que no estoy de acuerdo, y mientras rindo culto en la iglesia y asumo lo peor de los fieles a mi alrededor. Lo hago porque soy consciente de que mi debilidad es quejarme y comparar. Lo hago porque quiero recordarle a mi carne que Cristo en mí no es un legalista crítico, sino un amante de las personas. Él es el que ve las cosas como realmente son y declara valor y valor sobre todos con los que está de acuerdo y en los que no está de acuerdo. De acuerdo con la Escritura, quien está unido con el Señor es uno con Él en espíritu.[2]

Ese es el milagro de esta invitación. Es la posibilidad de que el juicio y el chisme se conviertan en un recordatorio de su misericordia y compasión. Y si permites que salga el verdadero tú, el que es uno con el Salvador, entonces las heridas y los dolores que acarreas tendrán el potencial de convertirse en corrientes de sanación y el comienzo de una reforma amorosa.

Recuerda, no juzgar es en realidad juzgar correctamente. No juzgar es admitir que no eres perfecto y, sin embargo, eres perfectamente amado (y también lo son). Deberías probarlo. Toma tu mano arrojadiza y usa tu imaginación para recolectar todas esas piedras, y luego tíralas como semillas de gracia.

O no.

De cualquier manera, no voy a juzgar.

Notas

1. 2 Pedro 3: 9
2. 1 Corintios 6:17.

43

DOBLE REGALO

"El futuro es oscuro. Pero mi fe se atreve a preguntar: ¿y si esta oscuridad no es la oscuridad del sepulcro, sino la oscuridad del vientre?"[1]
—Valarie Kaur

Dejé este capítulo hasta el final, no porque esté al final del libro, sino más aún porque he estado esperando que esta historia tenga un final feliz. Hoy es la fecha límite para la entrega de este manuscrito, y todavía no hemos escuchado sobre la finalización de nuestra adopción.

A las tres semanas de edad, fue abandonada, un regalo despreciado, dulce y puro, pero familiarizado con las formas de rechazo. Nuestra naturaleza pecaminosa colectiva creó un ambiente en el que un bebé de veintiún días no tiene hogar. Y ella es solo uno de los sesenta millones de huérfanos vivos en el mundo de hoy.

Sin padres, sin consuelo, sin esperanza, solo un nombre en un sistema, otra estadística triste, algunos detalles aquí y allá. Sin embargo, tan pronto como escuchamos su nombre, dijimos que sí.

Sitota.

Es la palabra en amárico para regalo, y ella es nuestra preciosa hija a la espera. Nuestro sueño hecho realidad, nuestra alegría en Etiopía.

Sabes que he sido un fraude. Algo en mí siempre ha querido hacer buenas obras para equilibrar mi naturaleza pecaminosa. Quería sentirme más santo que otros. Mis inseguridades me llevaron a predicar más, escribir más y "pecar" menos. Quería planificar una adopción para poder compararme con los demás y ser superior. De alguna manera, quería demostrarle al mundo que era un verdadero cristiano. Un mejor cristiano.

Y estaba tan hambriento de una historia que gritara: "¡Carlos es tan increíble!" Anhelaba que las redes sociales nos miraran y nos celebraran como "la pareja puertorriqueña-británica que adoptó a una niña de Etiopía, tiene dos niños preciosos, y ganó el premio La-familia-más-linda-del-mundo". Pero ahora sé su nombre. Sitota.

Y no me importa nada más. Mi corazón está deshecho por la chica. Alguna vez la caminaré por el pasillo hacia el altar. Ella ya no es una idea, ya no es una declaración a mi "santidad". Ella es una mujer viva, respirando, querida. Nacida para ser amada, aquí para ser aceptada, y nuestra para ser incluida. La quiero jugando con sus hermanos, comiendo mi arroz y frijoles, bailando con su madre y adorando en nuestra iglesia.

El Salmo 68: 5 dice: *"Padre de huérfanos y defensor de viudas es Dios en su santa morada."* En su habitación privada en los cielos, el trabajo principal de Abba Padre es proteger a mi bebé. Mis lágrimas por ella tienen alegría por dentro, pero también están empapadas de dolor. Nuestro asistente social en la agencia de adopción se encuentra actualmente en Etiopía, por lo que mi insomnio conlleva emoción, aunque la preocupación está ligada a ello. Hace unos meses, Catherine y yo vimos un documental en Netflix llamado *The Drop Box*. Cuenta la historia del pastor surcoreano Lee Jong-rak y sus heroicos esfuerzos para salvar a los recién nacidos. Es una observación desgarradora del costo físico, emocional y financiero asociado con proporcionar refugio a huérfanos que de otro modo serían abandonados en las calles. El pastor Lee ha salvado a cientos de bebés y adoptado los que nadie más quería. Estuve en un aguacero desde el minuto cinco hasta el final de los créditos. Sí, *The Drop Box* es una verdadera historia de esperanza, un recordatorio de que cada vida humana es sagrada y digna de amor. Pero ahora quiero que sea mi historia. Estoy cansado de ver películas que me emocionan. Terminé de escuchar sermones acerca de cambiar el mundo. Mi vida está entregada al sueño de Dios en Sitota.

Espero que hayas sentido frustración mientras lees este libro: ¡frustración contra la injusticia, la pobreza, la religión, cualquier cosa! Como a Graham Cooke le gusta decir: "Trabajar con frustración es la clave para convertir nuestro potencial en algo real. La mayoría de las personas se sienten frustradas porque les importa algo. Deben permitir que el Espíritu Santo dirija esa frustración hacia algo significativo".[2]

Sí, mi querido amigo, lo que más te frustre, probablemente naciste para cambiarlo. Para Catherine y para mí, es hambre y orfandad. Así que le pedimos a Dios que nos dé el poder para hacer algo al respecto, y adoptar a Sitota ha sido el producto de nuestra frustración con el pecado, convirtiéndose en una invitación al cambio. Isabela es el nombre de la ciudad de Puerto Rico donde nos casamos. Siempre quisimos darle ese nombre a nuestra hija. Para enviarle un mensaje a su corazón de que su historia comenzó el día en que comenzamos la nuestra.

El nombre Isabela también significa regalo. *Regalo de Dios*. Nuestra hija. Nuestra oportunidad. Nuestro doble regalo. Este proceso de adopción ha sido desafiante. Ha creado una serie de preocupaciones sobre el dinero, la crianza de los hijos y la dinámica familiar. Pero nuestro amor por Isabela Sitota Rodríguez Roberts llegó al instante.

Y al final del día, *"el mayor de ellos es el amor"*.[3]

Creo con todo mi corazón que para el momento en que estés leyendo estas líneas, mi querida niña las leerá también; aquí en casa con su familia, donde pertenece, donde aprenderá a soltar las piedras. Aquí, tendrá el desafío de perdonar a quienes la abandonaron, respetar a los que se burlan de ella y seguir a Jesús, incluso si le cuesta todo.

Su derecho será elegir si ella lo cree y lo vive. *Igual que tú*.

Estamos casi al final de nuestro viaje juntos. Solo quedan unas pocas páginas adicionales. *¿Qué vas a elegir?* Cuando seas la mujer atrapada en el acto de adulterio, ¿elegirás escuchar la gracia de Cristo y luego ir y no pecar más? Cuando tengas la tentación de apedrear y juzgar, ¿elegirás rendir tu propia justicia por el hermoso viaje de humildad y servicio?

Y cuando vuelvas a invitarte a seguir los caminos de la Palabra, ¿serás Él para los quebrantados y heridos? Una decisión tan grande.

Sin embargo, una elección tan fácil.

Notas

1. Valerie Kaur, "Una oración sij para América el 9 de noviembre de 2016", Valleric Kaur: narración de historias para el cambio social (blog), 11 de noviembre de 2016, http://valariekaur.com/2016/11/a-sikh- oración por América-en-noviembre-9-2016 /. (Consultado el 28 de marzo de 2017)
2. Graham Cooke, Una confrontación divina (Shippensburg, PA: Destiny Image Publishers, 1999), 301.
3. 1 Corintios 13:13.

ACTO 4

EL LECTOR

Jesús todavía te está mirando mientras la mujer que fue atrapada en el acto de adulterio sale del templo, en amor y completamente libre. Sigue mirando a Jesús y canta en voz suficientemente alta: *"Ponme como un sello en tu corazón, como un sello en tu brazo, porque el amor es tan fuerte como la muerte..."*[1]

Y no había duda en su corazón de que el héroe que la liberó es el Cristo que te salva. Sí, ella está sorprendida de verte pasar. "¿Cómo estás aquí?", Pregunta ella. Pero ella sabe, sin que tú respondas, que tenías que venir a verlo. Y pareces uno de los suyos.

Tú traes tu dolor y tu equipaje. Lo cargas como un saco de patatas o una cruz hecha de acero. Te acercas a Él cuidadosamente con entusiasmo. "Mis ovejas oyen mi voz", te dice, y es entonces cuando tu corazón comienza a explotar. Lentamente, ferozmente.

En la presencia de tanta compasión no hay necesidad de ocultar lo peor, tan audazmente compartes tu corazón con él. Él sonríe mientras hablas. Él estira sus dedos para atrapar tus lágrimas. Él es todo lo que has estado buscando.

Mientras hablas, captas las escrituras de Jesús en el piso. Lo miras atónito, y sonríes al notar las 667 palabras garabateadas en el suelo. Él asiente rápidamente con una sonrisa y dice: "Sí, ahora lo sabes". También observas que todas las piedras arrojadas por los fariseos y los maestros de la ley todavía están en el suelo. Están alineadas como lápidas, como un cementerio de religión. La alegría llena tu corazón y comienzas a reírte con Cristo.

Aun así, sientes que tus nudillos se tensan y te das cuenta de que queda una piedra en tu mano. La estabas guardando por si acaso; tal vez para usar en ti mismo, tal vez en tu cónyuge, tal vez un político, un pastor o un amigo. *Nunca sabes.* Y a pesar de que estás sentado al lado de Jesús, todavía es difícil dejarla ir.

Pero Él lo toma de tu mano y la deja caer sobre su dedo del pie.

Él muerde el lado de su labio inferior, cierra los ojos con fuerza, y después de un lento gemido, dice: "Ouch". Ambos se ríen juntos de nuevo. Una y otra vez. Tú experimentas la presencia donde hay plenitud de gozo. Justo allí en su mano derecha está el placer para siempre. Y lo sientes de una manera tan verdadera y profunda, que decides quedarte allí. Nadie te está alejando de este templo, este lugar santo, este día especial.

Jesús mira directamente a tus ojos y dice: "Toma tu cruz y sígueme".

Tú ni siquiera vacilas. Dices que sí de inmediato. Y te vas, junto con el Rey, vivo y enamorado, y sin piedras a la vista.

Notas

1. Cantar de los Cantares 8:6.

EPÍLOGO

"Habiendo escuchado todo esto, puedes elegir mirar hacia otro lado, pero nunca más podrás decir que no sabías".[1]
—William Wilberforce

William Wilberforce fue el líder del movimiento antiesclavista en Inglaterra. Conoció a Jesús, creyó las palabras de Jesús y decidió andar el camino de Jesús. Su trabajo detuvo el comercio abusivo de seres humanos desde África hasta el Nuevo Mundo. Y ahora es tu turno.

Sé que no podría cubrir los muchos asuntos importantes de justicia que requieren nuestra atención y nuestra acción. El tráfico de personas, el rechazo de los refugiados y la pobreza extrema son tres de los muchos dolores con los que nuestro mundo está plagado. Sin embargo, *tú* eres el ungido. Lo oraste en voz alta en el capítulo 25. Ahora es el momento de vivirlo. Y como dice la Biblia: "*Porque toda la ley en esta sola palabra se cumple: Amarás a tu prójimo como a ti mismo*"".[2]

Ve a buscar la necesidad, sé el amigo, alimenta a los hambrientos, abraza a las personas sin hogar, llama a los políticos que te representan, da la bienvenida a un extraño y pasa el rato con lo peor. No *tienes* que hacerlo, pero debes hacerlo, y sé que Jesús te está esperando allí.

En este mundo de las redes sociales, no hay razón para que no estemos conectados. Así que usa @HappySonship en Twitter, Pinterest o Instagram (o cualquiera de las otras plataformas) y dime cómo te va.

Visita también la tienda TheHappyGivers.com, donde cada centavo que gastes se usará en el hogar de nuestros niños en Perú (Casa de Paz), nuestro ministerio para los confinados en el sistema penitenciario de los Estados Unidos (Inside Hope) y / o nuestro ministerio para ayudar a las familias a financiar su proceso de adopción (Project Next).

También puedes unirte al equipo de The Happy Givers en uno de nuestros viajes misioneros internacionales. Ven conmigo y descubramos juntos cómo podemos ayudar a otros a empoderarse, financiarse y amarse. ¡Eso sería divertido! Te amo.

Creo en ti.

Hasta luego.

Notas al final

1. Cierre de un discurso en la Cámara de los Comunes (1791), citado en Kay Marshall Storm, Once Blind: La vida de John Newton (Colorado Springs: Authentic Publishing, 2007), 225.
2. Gálatas 5:14.

RECONOCIMIENTOS

Mami y Papi, gracias por creer en mí, gracias por amarme aun en la distancia y gracias por darme tanto espacio por encontrar a Dios. Los amo. Catherine Rachel Roberts, la parte más fácil de escribir este libro fue la de dedicarlo a ti. Mi corazón está realmente sorprendido de tu capacidad de gracia. Yo aprecio cada momento contigo. Y estoy muy orgulloso de ser tu único. Te amo, Chichi.

Alejandro y Sebastián, ustedes, muchachos son los hijos más gloriosos que un papá podría tener. Estoy agradecido a Dios por el privilegio de descubrirlos todos los días. ¿Quieren luchar más tarde?Isabela Sitota, nunca sabrás lo mucho que significas para mí, mi princesa etíope. Eres mi regalo favorito y no puedo esperar para tenerte en mis brazos ... ē wĕd shä 'lō.

Para mamá, papá y mis hermanas en Inglaterra, los amo más de lo que lo demuestro.

A mis hermanas en Puerto Rico, son las mejores. Besos y abrazos.

Don Milán, por hacerse mi amigo a través de este proceso. Su impulso y aliento fueron esenciales.

Para Duncan y Kate, John y Carol, Murray y Ash, y toda mi familia en *Catch the Fire* alrededor del mundo, todos deben ser nombrados en esta página. Pero no estoy haciendo eso. Solo sé que los amo y creo en nuestro movimiento.

Para el equipo de Whitaker House: Bob Whitaker, Christine Whitaker, Tom Cox, Cathy Hickling y Jim Armstrong. Un equipo increíble con increíble integridad. ¡Enormes gracias!

A Abel, por empujarme a escribir. A Puddle, por empujarme a publicar. Para Sven y Eli, por ser amigos y fanáticos. Para Lisa y Elius, por ser mi familia. A Kristen, Yuki y Paola, por ser las tres mejores (jamás).

Finalmente, a todos los héroes que me dieron su apoyo, les debo a todos un gran plato de arroz y frijoles, con plátanos y aguacate y un chile rojo.

Por último (y lo más importante) al Dios viviente de arriba, que continuamente me da su amor majestuoso. Estoy en deuda contigo por siempre, Jesús, y no puedo esperar para pasar la eternidad a Tus pies, entregando mis coronas y diciendo: "Gracias por no apedrearme a mí (o a cualquier otra persona que haya vivido). ¡Eres increíble!"

ACERCA DEL AUTOR

A Carlos le apasiona llegar al mundo con el amor radical de Dios. Es un predicador, pastor, maestro y bloguero provocativo que sirve a la iglesia local y le encanta estar entre prisioneros, jóvenes adultos y cualquiera que se atreva a pensar de manera diferente. Durante quince años ha estado viajando por el mundo llegando a las personas más rotas con abrazos, pasión y las historias en Lucas 15.

Pastor fundador de *Catch the Fire* en Raleigh, Carolina del Norte, Carlos ha escrito varios artículos para las revistas Relevant y Revival, y publicó su primer libro *Simple Sonship* en 2014. También en 2014, comenzó HappySonship.com, una revista en línea que llega a miles de personas todos los días compartiendo el mensaje de gracia a través de lo que sea que esté de moda en la Web. El sitio web ahora se ha convertido en una organización internacional sin fines de lucro que se centra en empoderar a los niños en Perú, reconectando a las familias con los presos en el sistema penitenciario de los Estados Unidos, y ayudando a los padres a financiar su proceso de adopción. Carlos y (su querida británica) Catherine tienen dos hermosos hijos y están esperando una niña a través de la adopción.

Ah, sí, también quiere que todos sepan que es puertorriqueño y que está ansioso por contarte todo sobre él.

HappySonship.com

SchoolofRevival.com

TheHappyGivers.com